은퇴하시는 신학자 겸 교육자
데이비드 웰스에게 이 책을 드립니다.
그는 학문이 깊고 지성과 통찰이 뛰어날 뿐 아니라
친구들에게 사랑과 지혜를 아끼지 않으셨습니다.

우리
목사님은
왜
설교를
못할까

Why Johnny Can't Preach

ⓒ 2009 by T. David Gordon
Originally published in English under the title *Why Johnny Can't Preach*
by P&R Publishing Company, Phillipsburg, NJ, USA.

All rights reserved.

This Korean Edition Copyright ⓒ 2012 by Hong Sung Sa, Ltd., Seoul,
Republic of Korea
This Korean edition is translated and used by arrangement of
P&R Publishing Company through rMaeng2, Seoul, Republic of Korea.

이 한국어판의 저작권은 알맹2 에이전시를 통하여 P&R Publishing Company와 독점 계약한 ㈜홍성사에 있습니다. 신저작권법에 의하여 한국 내에서 보호받는 저작물이므로 무단전재와 무단복제를 금합니다.

우리 목사님은 왜 설교를 못할까

데이비드 고든 지음
최요한 옮김

| 차례

더 나은 설교를 바라며 8
머리말 10

1장 / 달라진 신학생들 17
2장 / 책맹 설교자들 45
3장 / 다시 글쓰기를 고민하자 65
4장 / 그리스도 중심의 설교를 하라 73
5장 / 설교자의 세 가지 감성 99

주 112
옮긴이의 말 123

| 더 나은 설교를 바라며

이 책은 2004년에 11개월 동안 암 치료를 받으면서 쓴 것이다. 이후 몇 군데 손을 보긴 했다. 그때 형편을 간간이 적기도 했는데, 암에 걸린 덕분에 쓰게 된 책이라 일부러 삭제하지 않았다. 결장 직장암 3기였다. 인터넷으로 검색해 보니 생존 확률이 25퍼센트였다. 내가 수학자는 아니지만 그해를 넘길 가망이 없다는 것쯤은 알았다. 30년간 설교를 걱정했던 터라 거기에 관해 아무 말 없이 세상을 떠나는 것은 무책임한 태도라는 생각이 들었다. 더 나은 설교가 나오길 바라는 마음에서 나는 펜을 들어야 했다.

그런 상황에서는 이런 책을 쓸 수밖에 없었다는 것이 아니라 그저 내 상황이 그랬다는 말이다. 사무엘 존슨Dr. Samuel Johnson이 했다는 말이 있다. "이것 보세요. 보름 뒤 교수형이 예정된 사람은 잡생각을 하지 않는 법입니다." 나도 그랬다.

그래서 내 글에는 사뭇 절절한 부분이 있다. 직설적인 문체를 고치고 제목도 매끄럽게 달면 좋겠지만 그럴 만한 여유가 없었다. 나는 긴박감을 가지고 글을 썼다. 그리고 그 느낌을 그대로 살리기로 했다. 이 점 너그러이 받아 주리라 믿는다(혹시 내 건강을 걱정하는 독자들이 있다면 안심하시라. 나는 회복 중이다).

그때도 그랬고 지금도 그렇지만 20세기 후반을 지배하던 미디어의 격심한 변화는 우리의 감성을 기형으로 만들었고 그 영향으로 설교의 질은 심각하게 저하됐다. 나는 이 책에서 지난 반세기 동안 설교의 질이 떨어진 원인을 조금이나마 설명하고 몇 가지 제안을 보탰다. 모든 것을 설명한 것은 아니다. 그럴 뜻은 없었다. 하지만 미디어 생태학을 가르치는 선생으로서 독자들이 관심을 가질 만한 독특한 관점이란 것은 자신한다.

| 머리말

 쓰고 싶은 글들이 무척 많았지만 오랫동안 참았다. 시간이 부족해 계속 미뤄 두고 있었다. 하지만 한 가지 주제만은 전혀 다른 이유로 20년가량 묵히고 있었다. 그동안 알고 지내던 목사님들이 자기를 비판한다고 오해하고 낙심할까 망설였기 때문이다. 교단에서 안수를 받고 사역을 하는 목사님들 중에 평범한 설교나마 할 수 있는 분은 30퍼센트 미만인데, 나는 교만한 사람으로 비치는 것이 불편해서 이런 의견을 공개적으로 밝히기를 삼갔다. 그러나 한편으로는 점점 끓어오르는 가마솥에 앉아 있으면서도 경고하지 않는 것이 마음에 걸렸다. 그래서 마침내 내 양심을 위해서라도 글을 쓰기로 용단을 내렸다. 미리 밝혀 두지만 21세기 북미의 일반적인 설교에 관한 이 이야기는 객관적 사실이다. 그것은 내가 속한 교단만의 문제도, 나만의 경험도 아니다. 나는 누구보다 뛰어난

목사님을 만나기도 했고 평균 이하의 목사님을 만나기도 했다. 하지만 그들이 누군지 밝히지는 않을 것이다.

이 책에 내 경험이 담겨 있다면 내가 보수적인 복음주의 교회와 보수적인 개혁주의 교회에서 목회를 했다는 것뿐이다. 나는 매사추세츠 주에 있는 보수적인 복음주의 신학교 고든콘웰에서 가르쳤고, 우리 부부는 결혼 후 30년 동안 장로교회를 다녔다. 그러므로 내가 평소 관찰한 일상을 확대 해석할 자격은 없다. 루터교단의 설교는 건강하고 감리교단의 설교는 훌륭하다는 것은 오늘날 누구나 안다. 하지만 보수적인 복음주의와 개혁주의 설교의 질이 형편없이 떨어진 '원인'은 20세기 후반의 문화적 변화에 있으므로 내가 한탄하는 이유가 다른 교파에는 없다고 할 수도 없다. 어쨌든 그들에게까지 돌을 던질 생각은 없다. 내가 잘 아는 교파는 보수적인 복음주의 교회와 보수적인 개혁주의 교회들이다. 만일 다른 교파에 소속된 독자들에게도 비슷한 문제가 있다면 이 책이 도움이 되기를 진심으로 바란다.[1]

아울러 내 말이 교만하게 들리더라도 내 처지를 이해하고 용서하기를 바란다. 나는 3기 암 환자이며 이 글을 쓰면서 한 차례 혹독한 치료를 마쳤다. 앞으로 두 번이나 더 받아야 한다. 치료 경과는 좋았고, 앞으로 몇 년, 잘하면 일이십 년은 더 살 수 있을지도 모른다. 하지만 지난 석 달가량 여러 날을 뜬눈으로 지새우면서 내가 여태 뭘 하고 살았는지, 더 참담하게는 뭘 못하고 살았는지 물을 수밖에 없었고 이런 중요한 문제에 침묵하면 무책임한 태도라는 것을 깨달았다. 죽기 전에 내 생각을 밝혀야 한다는 확신이 들었다. 내 생각이 틀려도 좋다. 무시하면 그만일 터. 하지만 이 중요한 문제에 관해 옳든 그르든 내 생각을 밝혀야 소임을 다하는 일이다.

앞으로 보게 될 테지만 설교를 평가할 때는 늘 주관적인 요소가 끼어드는데, 나는 조금 더 객관적인 요소를 제시할 것이다. 몇몇 특이한 규정으로 설교를 평가하지도 않을 것이고, 설교학의 논거(이를테면 구약 성경으로 그리스도를 설교하는 법)로 내 의견을 펼칠 뜻도 없다. 즉 일반적인 수준에서만 설교를 평가하겠다. 내 기준은 누구도 이의를 제기하지 않는 보편적 기준이다. 예를 들면 통일성 있는 설교가 드문데, 설교에 통일성이 없다는 것은 심각한 결함이다. 통일성 없는 설교를 옹호하는 사람이 있던가? 역사적으로 뛰어난 설교학 교과서들 중에 설교의 부조화를 용납하는 책이 있던가? 또 설교에는 대개 분간할 수 있는 차례가 없다. 둘째 요점이 첫째 요점 뒤에

이어져야 하는 논리적인 이유가 없는 것이다. 하지만 구성이 혼란스런 설교에 찬성하거나, 본문을 읽으면서 떠오른 생각을 아무렇게나 나열하는 것이 설교다운 설교라고 하는 사람이 있던가? 물론 그런 사람은 없다. 1장에서 검토할 로버트 루이스 대브니Robert Lewis Dabney가 말하는 설교의 일곱 가지 '기본 요소'에는 특이한 항목이 전혀 없다. 그런데도 오늘날 이 일곱 가지 기본 요소를 갖춘 설교는 매우 드물다. 나는 한 가지 요소도 갖추지 못한 설교를 수없이 들었다.

더구나 목사님들은 우리 시대에는 '훌륭한' 설교자들이 많지 않다는 식으로 내 말을 자칫 오해할 텐데, 그것은 사실이 아니다. 여러 목사님이 내 주장의 심각성을 비껴갈 요량으로 '그래, 맞아요. 우리 시대에는 위대한 설교가 드물지요'라고 말한다. 내 관심사는 그것이 아니다. 첫째, 나는 위대한 설교가 하나라도 있었는지 의문이다(다른 사람들이 치켜세우는 설교에도 대부분 결함이 있었다). 둘째, 나는 위대한 설교의 유무에는 별 관심이 없다. 내 관심은 '일반' 일요일에 '일반' 교회에서 '일반' 회중석에 앉은 '일반' 그리스도인들이다. 그리고 문제는 '훌륭한' 설교자가 없는 것이 아니다. 여러 경우 평범한 설교자조차도 없는 것이 문제다. 예수님이 베드로에게 자기 양들을 먹이라고 말씀하신 후에 베드로의 목회 활동을 평가하신다면 그가 양들에게 진수성찬을 먹이는지는 평가 항목에 없을 것이다. 하지만 양들은 영양가 있는 음식을 먹어야 하는데 평소 그런 음식을 잘 먹지 못한다.

마지막으로, 제목에서도 알 수 있듯이 주된 문제는 게으름이나 방어적 태도가 아니다(아, 그런데 방어적 태도는 심각한 문제다. 목사님들은 대체로 다른 직업에 종사하는 사람들에 비해 인사 고과와 건설적인 비판을 싫어한다). 오히려 1960년대부터 1980년대까지 교육계에서 우려하던 문제를 빚은 '사회적' 변화 즉 (글을) 읽고 쓰는 능력의 저하 때문에 목사님들이 설교에 서툴게 되었다. 이것은 자연스런 문화적 결과다. 그래서 이 책의 제목도 당시 출간된 《그 양반은 왜 글을 못 읽을까 Why Johnny Can't Read》와 《그 양반은 왜 글을 못 쓸까 Why Johnny Can't Write》의 제목을 그대로 본떴다.[2] 그러므로 설교를 못하는 설교자들을 싸잡아 비난하거나 더 열심히 하라고 하거나 신학교를 비판하는 것은 문제를 해결하지 못한다. 문화를 지배하는 미디어의 변화가 어떻게 사회 환경뿐 아니라 개인의 감성마저 변화시켰는지 우선 알아야 한다.

두껍지 않은 이 책의 부제는 '전자 미디어의 출현과 설교의 몰락'이다. 미디어 생태학은 아직 생소한 학문이고 문화를 분석하는 도구로 특별히 알려진 것도 아니다. 하지만 미디어 생태학은 분명히 존재한다. 나는 학부 학생들에게 입문 수준의 미디어 생태학을 가르치고 있다. 이 학문은 소크라테스(그는 글쓰기의 가치를 의심했다), 마샬 맥루한Marshall McLuhan, 월터 옹Walter Ong, 자크 엘룰Jacques Ellul, 닐 포스트먼Neil Postman 등에 의해 세워졌다. '미디어 생태학'은 지배적인 미디어의 변화가 사람과 사회 '환경'을 어떻게 바꾸는지 설명하려고 포스트먼이 고안한 용어다. 미디어 생태학은 매체의 내용보다는 매체의 존재 자체가 개인의 의식, 사회 구조, 문화 습성, 감성을 바꾸는 방식에 더 큰 관심을 두는 학문이다. 내가 이 책에서 던지는 물음이 미디어 생태학적인 문제 제기다. 즉 언어 기반의 미디어에서 이미지 기반의 전자 미디어로의 변화가 우리의 감성을 어떻게 바꾸었고, 오늘날의 설교자들은 어떤 영향을 받았을까? 감성이 발달하지 않으면 성경이나 다른 텍스트를 설명할 능력을 잃는데, 감성이 발달하지 않은 설교자는 벙어리나 다름없다는 것을 알맞은 시점에서 밝힐 것이다. 하지만 우선 설교에 서툰 목사님이 아주 많다는 사실부터 살펴보자.

1장

달라진 신학생들

오늘날의 설교는 수준 이하다. 이 답답한 사실을 증명하고 싶지 않지만 제대로 된 설교를 꾸준히 섭취하지 못하는 사람들이 아주 많다. 결국 견줄 만한 설교가 없으니 그들은 듣고 있는 설교에 만족하게 된다. 물이 펄펄 끓는 가마솥에 들어앉아 나올 생각은 않고 견디고만 있다. 먹을 것을 찾아 매립지를 헤집는 마닐라의 굶주린 아이들처럼 오늘날 여러 교회의 그리스도인들도 영혼을 살찌우는 설교를 듣지 못하고 여기저기 널린 아무 설교나 듣고 영혼을 채우고 도움을 받는다. 그래서 오늘날의 설교가 상당히 혼란스럽다는 것을 내가 어떻게 납득했는지 설명해 볼까 한다.

주장만 나열하는 설교

그래, 인정하자. 첫 증거는 주관적인 개인사라는 것을. 내가 아내에게 25년 넘게 습관처럼 하는 질문이 있다. "그 설교의 주제가 뭐라고 생각해?" 그러면 아내가 답한다. "나도 몰라." 만일 주제를 알고 있다면 나는 다시 묻는다. "그것이 본문에 맞는 주제일까?" 아내는 대체로 부정적으로 답한다(메시지의 요점이 전체적으로 불만족스럽다는 내 의견과 일치한다). 내가 지난 25년 동안 들었던 설교 중에 요점이 분명한 설교는 15% 정도이다. 즉 "그 설교의 주제는 이것이다"라고 말할 수 있다. 하지만 그 15퍼센트 중에 요점이 본문에 충실한 설교는 10퍼센트 미만이다. 즉 하나님의 말씀은 뭔가 필요한 것이 있다는 것을 회중에게 설득하는 노력이 전혀 없다. 설교자는 하나님의 말씀을 그냥 주장할 뿐, 교인들이 납득할 만한 설교를 하지 않는다.[1]

그런 설교는 종교적으로 쓸모가 없다. 설교를 듣는 사람이 하나님의 뜻에 기꺼이 순종할 책임이 있다면, 설교자는 자기의 말이 하나님의 뜻이라는 것을 증명할 책임을 다해야 설교를 듣는 사람도 책임을 다할 수 있다. 웨스트민스터 신앙고백에서 말씀을 '양심적으로 듣는다'라는 말은 말 그대로 하나님의 말씀을 듣고 순종하여 양심적으로 행동하겠다는 뜻이다. 하지만 내 양심이 목사에게 순종해야 하는 것은 아니다.

목사의 말에 순종하려면 목사는 교인들에게 하나님의 뜻이 뭔지 '증명'해야 한다. 따라서 하나님의 의견을 제시하지 않고 '목사'의 견해만 제시한 설교는 쓸모없는 설교다(나는 로마가톨릭교회의 설교에 대해서는 왈가왈부할 자격이 없다. 이것은 개신교 개혁주의 교단의 설교에 해당되는 말이다). 더욱이 목사의 견해조차 분명하게 밝히지 못하는 설교는 더 쓸모없다.

내가 오랫동안 우리 가족에게 바랐던 것은 정말 단순했다. 즉 일요일 오후나 일주일 동안 우리가 들은 설교에 대해 지적인 대화를 나누는 것. 이런 대화를 위해 내가 정말 바라는 것은 세 가지 질문에 답하는 능력이다. 설교의 주제나 요점이 뭔가? 그 요점은 우리가 읽은 본문에 기초한 것이었나? 적용은 요점과 깊은 관련이 있는가, 그것에서 또 다른 적용거리를 떠올릴 유익한 대화를 나눌 수 있나?

내가 평소에 듣는 설교는 우리 가족이 첫 번째 질문조차 답할 수 없는 설교였다. 설령 답할 수 있더라도 본문에 기초한 요점은 매우 드물었다. 더욱이 본문과 관련된 적용은 아예 없다시피 했다. 벤자민 프랭클린Benjamin Franklin은 한 장로교 목사의 설교를 듣고 나서 다음과 같이 말한 적이 있는데, 나는 그의 판단에 동의할 수밖에 없다.

목사님은 빌립보서 4장에서 "끝으로 형제들아 무엇에든지 참되며 무엇에든지 경건하며 무엇에든지 옳으며 무엇에든지 정결하며 무엇에든지 사랑 받을 만하며 무엇에든지 칭찬 받을 만하며 무슨 덕이 있든지 무슨 기림이 있든지 이것들을 생각하라"라는 구절을 가지고 자세히 설교했다. 이런 본문에 기초한 설교라면 도덕에 관해 말할 법도 한데 목사님은 사도 바울의 말은 이런 뜻이라는 식으로 다섯 가지 요점만 주장했다. 1) 안식일을 거룩하게 지켜야 한다. 2) 성경을 열심히 읽어야 한다. 3) 예배 모임 시간을 지켜야 한다. 4) 성찬식에 참여해야 한다. 5) 하나님의 종을 존경해야 한다. 모두 좋은 말이지만 본문에서 내가 기대한 좋은 말은 아니었기에 모임에 참석한 것을 후회했고 반감이 들었으며 다시는 그곳을 찾지 않았다.[2]

나도 프랭클린과 똑같은 이유로 설교에 '반감'을 느낀다. 하지만 이신론자였던 프랭클린과 달리 나는 교회에 발길을 끊을 수 있는 처지가 아니므로 그의 방법은 우리 가족에게 별 효과가 없다. 프랭클린의 경험이나 내 경험이 별난 것은 아니다. 다른 사람들도 설교에 이런 문제점이 있다는 것쯤은 알고 있다.

로타리클럽에서 배워라?

지금부터 약 25년 전, 설교의 질적 저하라는 문제에 관심을 갖기 시작할 무렵 나는 내가 속한 노회에서 활발하게 활동하는 리더격 장로님과 이런 이야기를 나눈 적이 있다. 나는 같은 노회의 어느 교회에서 청빙한 목사님의 설교를 듣고 나서 설교를 못하는 그 목사님을 교회가 왜 청빙했는지 장로님에게 물었다. 그 장로님은 노회 전체에서 가장 인자하고 사랑이 많은 장로님이었기에 나는 그의 대답을 듣고 깜짝 놀랐다. "데이비드 목사님, 그 목사님이 설교를 못한다는 거 잘 압니다. 내가 30년간 설교 위원으로 일했지만 설교를 잘하는 목사님은 한 사람도 없었어요. 우리는 다른 분야에 재능이 있고 정통신앙을 갖춘 인물을 찾을 뿐이지요. 처음부터 설교에 능한 목사를 찾지 못하리라는 것을 알고 있었습니다." 장로님은 계속 말했다. "목사님도 알다시피 내가 사업을 하면서 로타리클럽에서 30년을 보냈습니다. 매달 회의에 참석해 연설을 듣는데, 집에 가면 아내에게 그게 뭣에 관한 연설이고 요점이 뭔지 말할 수 있어요. 하지만 설교는 그래 본 적이 없습니다. 어쩌면 신학교를 없애고 신학생들을 모두 로타리클럽으로 보내는 편이 더 나을지도 모릅니다." 그 장로님은 불평을 입에 달고 사는, 성격이 괴팍한 노인이 아니었다. 그는 그리스도를 본받는 사람으로 내가 아는 한 늘 유쾌하고 인자했고, 부정적이거나 싸움닭 같은 면이 없었다. 더욱이 그는 예외가 있음을 인정했다. 리처드 프래트Richard Pratt는 당시 노회의 미취임 유자격 목사였는데(지금은 올랜도에 있는 리폼드신학교의 교수다) 그 장로님은 "하지만 리처드 목사님은 설교를 잘하시지요"라고 말했다. 그 말은 옳았다. 리처드 목사는 정말 설교를 잘했다. 하지만 장로님과 대화를 나눈 후 내 마음은 더 불편해졌다. 내가 관찰한 것이 맞았기 때문이다. 설교는 형편없이 몰락하고 있었다.[3]

우리 목사님 설교는 별로지만!

내가 만난 사람들과 나눈 대화를 보탠다면 오늘날 설교의 질이 저하됐다는 내 관찰의 신빙성은 100배나 커질 듯하다. 나는 교인들을 만나면 어디 사느냐, 어느 교회에 다니느냐, 교회 생활에 만족하느냐 등 갖은 질문을 한다. 그들은 대개 그렇다고 답한다. 그런데 내가 "목사님은 어때요?"라고 물으면 대부분 "설교를 뛰어나게 잘하시는 건 아니지만……"이라고 답한다. 즉 어디를 가든지 교인들에게 교회에 관해 물으면 그들은 마치 입이라도 맞춘 듯 담임 목사님은 "훌륭한 설교자는 아니다"라고 말하는 것이다. 결국 설교를 못한다는 말이다. '설교는 별로지만 그것 말고는 나무랄 데가 없는 목사님이지요'라는 말은 따뜻한 평가다. 목사님들이 성실히 심방하고 병자를 돌보고 행정에 능하고 청소년이나 비신자를 다정하게 대한다는 말을 들을 때는 흐뭇하지만 오히려 나는 그 반대가 더 기쁠 것 같다. '심방은 좀체 안 하시는데 설교는 정말 잘하세요. 설교를 워낙 잘하시니까 다른 건 못해도 괜찮아요.'

설교의 '기본 요소' 일곱 가지

아직 내 말을 믿지 못하는 독자들이 있다면 비장의 카드로 로버트 루이스 대브니의 《성경 수사학 강의*Lectures on Sacred Rhetoric*》를 꺼낼 수밖에 없다.[4] 이 책은 19세기 후반 설교학의 교과서로 장로교뿐 아니라 성공회와 감리교, 침례교에서도 호평을 아끼지 않았다. 대브니의 다른 책들과 달리 이 책에는 특이한 내용이 하나도 없다. 고대 수사학을 자세히 검토한 부분은 독자들이 싫어할 수도 있으나 그가 두 장에 걸

쳐 '설교의 일곱 가지 기본 요소'를 소개한 부분에 이의를 제기할 사람은 없을 것이다. 이 일곱 가지 기본 요소는 (최상이 아니라 기본 요소다) 모든 설교에 필수적이라고 대브니가 믿는(그리고 독자들이 동의하는) 최소 요건이다. 이 일곱 가지 중에 주관적인 것은 하나도 없다. 하나하나가 객관적으로 평가할 수 있는 요소다.[5] 이 일곱 가지 기본 요소를 간단히 소개한다. 더 자세히 알고 싶은 독자는 그가 쓴 책을 읽어 보길 바란다.

충실성 대브니의 프로테스탄티즘이 드러나는 부분이다. 목사는 하나님의 뜻을 대신 전하는 사신이다. 그러므로 스스로의 통찰이나 의견, 심지어 자기의 신념을 설교할 권한은 없다. 그는 성경에 기록된 하나님의 생각만을 전해야 한다. 하나님의 생각은 성경에 드러나 있기 때문에 설교는 반드시 텍스트에 충실해야 한다. 텍스트의 내용을 거짓 없이 설명해야 한다.

설교의 요점은 성경의 요점과 일치하는가? 설교의 주제가 핵심에서 벗어나 있지 않은가? 설교자는 자기 생각을 뒷받침하려고 본문을 이용하는가?

통일성 "통일성은 두 가지를 요구한다. 첫째, 설교자는 한 가지 주제를 말해야 하고 그 주제가 설교의 면면에 흘러야 한다. 하지만 이것만으로는 부족하다. 회중의 영혼에 각인될 만한 인상을 남겨야 한다."[6]

설교 후 열 명에게 설교의 주제를 물었을 때 적어도 여덟은 같은(혹은 비슷한) 대답을 할 것인가?

복음주의 어조 "비네Vinet는 이것을 '다정한 듯 진지하고 달콤한 듯 엄숙하며 친밀한 듯 위엄이 있는 기독교의 일반적인 풍미'라고 말했다. 블레어Blair에 의하면 이것은 '진지함과 따뜻함으로 조화롭다'…… 하나님의 영광을 위한 뜨거운 열정과 멸망에 처한 영혼들을 향한 애틋한 연민이다."[7]

교인들은 목사가 자기를 위한다고(즉 은혜로우신 하나님이 주시는 복을 풍성히 받기를 바란다고) 여기는가, 아니면 꾸중한다고(즉 하대하고 야단치고 힐난하고 벌주기를 바란다고) 여기는가? 목사는 교인들이 용서하시는 하나님과 화해하고 복을 받기를 바라는가? 회개하는 죄인을 구원하시는 그리스도의 희망을 전하지 않고 교인들의 불행한 처지만을 강조하는가?

교훈성 교훈적인 설교에는 이해를 돕는 영양분이 풍부하다. 성도들의 생각을 살찌우는 내용으로 가득하다. 문장도 진부하거나 밋밋하지 않거니와, 타당한 설득력도 없이 미사여구와 웅변으로 사람을 조종하는 법이 없다…… 기독교는 지성의 종교이고 사람을 이성의 존재로 대한다. 성화는 진리를 통해 이뤄진다. 사람을 움직이려면 가르쳐야 한다. 그리스도인이 지성을 잃으면 안정성과 일관성도 잃는다…… 흥미를 잃은 후에도 관심을 잃지 않으려면 성도들의 생각을 살찌우라[8]

설교가 생각에 깊이를 더하는가, 아니면 진부한 표현, 구호, 일반적인 사실만 가득한가? 설교를 들으면 하나님이나 사회, 교회, 자아에 대한 관점과 자기 견해의 뿌리를 반성하게 되는가? 교인들이 설교에 집중하는가, 반감을 느끼는가?

역동성 역동성은 일순간에 그치는 짜릿함이나 충격이 아니라 일관된 움직임이다. 요컨대 설교자의 영혼에서 나오는 힘은 설교에 깃들고 회중의 영혼은 그것에 의해 설교가 목적하는 결과를 향해 꾸준히 나아간다…… 설교자는 결승점을 향해 달리는 선수처럼 시간을 낭비하지 않는 간결함과 짜임새를 가지고 설교해야 한다.[9]

설교의 앞부분이 효과적으로 뒷부분에 기여하는가? 지성(그리고 감성)을 일깨우는 힘이 설교에 있는가?

영향력 대브니는 머리와 가슴을 때리는 설교 전체의 힘을 '영향력'이라는 말로 설명한다. 그러므로 영향력은 청중의 영혼을 설득하고 재우치는 통일성과 역동성, 짜임새의 결과다. 청중은 동의하든 반대하든 받아들이든 내치든 양단간에 결정을 내려야 한다.

설교에 동의하는 사람들은 모두 비슷한 영향을 받는가? 한 사람이 소망을 얻었다면 나머지도 똑같은 이유로 소망을 얻었는가? 한 사람이 고민에 빠졌다면 나머지도 똑같은 이유로 고민에 빠졌는가? 한 사람이 감사하게 됐다면 나머지도 똑같은 이유로 감사하게 됐는가?

짜임새 짜임새는 '구성'이라는 말과 같다. 설교든 아니든 짜임새가 없는 이야기에는 통일성도 역동성도 요점도 없다. 짜임새는 내용을 가지런히 '배열'하는 것이므로 앞의 것이 뒤의 것과 관련이 있어야 한다. 짜임새 있는 설교는 통일성이 뚜렷하고 기억하기 쉽고 설교에 영향력을 더한다.

교인들은 설교를 기록한 노트를 서로 비교해 보면서 설교의 윤곽을 재구성할 수 있는가? 그럴 수 없다면 요점이 어떻게 전개되고 발전하는지 말할 수 있는가?

물론 대브니의 설명 방식이 설교의 핵심 요소를 파악하는 유일한 길도 아니고 최상의 길도 아니다. 사실 누구든 통일성과 짜임새가 있는 설교에는 역동성과 영향력이 자연스레 따라온다는 것을 증명할 수 있다. 그렇게 되면 설교의 특징은 다섯 가지로 줄어든다. 즉 통일성과 짜임새, 충실성, 복음주의 어조(즉 그리스도 중심), 교훈성. 이것에 반대할 사람은 없을 것이다. 설교학 역사상 이것에 반대한 사람이 있다는 말은 들어 보지 못했다. 설교가 잘못된 방식으로 교훈적이 될 수도 있다는 점에서 불만을 제기하는 것은 타당하다. 지혜와 통찰력, 지식은 빈약한데 마치 강의를 하듯 정보를 마구 쏟아 낸다는 것이다. 하지만 지성이나 이해를 통해 전 인격에 호소해야 한다는 대브니의 설명을 듣고 나서 설교가 교훈적이면 안 된다고 주장할 사람은 한 사람도 없을 것이다.

그런데 대브니의 일곱 가지 기본 요소는 오늘날 기본을 제대로 갖추지 못한 곳에서 빛을 발하고 있다. 통일성 있는 설교는 드물고, 텍스트를 책임감 있게 설명하는 설교도 드물고, 교훈적인 설교는 찾아볼 수 없고(아무도 모르는 정보를 때때로 흘리는 것을 빼면), 차례를 분간할 수 있는 설교는 손으로 꼽을 지경이다. 대브니의 일곱 가지 기본 요소를 꺼내든 것은 오늘날 설교의 문제점을 폭로하기 위함이었다. 일곱 가지는 고사하고 다섯 가지라도 기본을 갖춘 설교는 드물다는 것을 우리가 알기 때문이다.

누구나 설교가 짧기를 바란다

이 문제는 잠시 후 살펴볼 인사 고과와 깊은 연관이 있지만 따로 살펴볼 가치가 있는 문제다. 뭐든 잘한다고 여길 때 시간이 길다고 불평하는 사람은 없다. 오래전 나는 몇몇 사람들과 피츠버그 하인츠 홀에서 앙드레 프레빈André Previn이 지휘하는 브람스의 〈독일 레퀴엠〉을 들었다. 장중한 합창을 끝으로 공연이 끝났는데도 관객은 우두커니 앉아만 있었다. 박수는 뒤늦게 터졌는데 관객 전체가 연주에 매료된 나머지 한동안 박수 치는 것을 잊었기 때문이다. 10분 전에 자리를 뜨고 싶었던 사람도, 마치기 10분 전부터 시계를 쳐다보는 사람도 없었다. 이런 연주라면 모두 30분이라도 더 듣고 싶었고 너나

없이 공연이 끝났다는 것이 못내 아쉬웠다. 뭔가 훌륭하고 아름다운 것을 볼 때 우리는 매료되고 몰두하며 시간을 잊는다. 강사가 매우 중요한 내용을 청중이 이해할 수 있게끔 짜임새 있게 전할 때도 반응은 마찬가지다. 시계를 쳐다보고 헛기침을 하고 스트레칭을 하는 등 지루함을 견디는 행동을 하는 사람은 없다. 하지만 뚜렷한 목적도 두서도 체계도 감동도 없는 이야기는 10분이 영원처럼 길다.

이것은 대화에 소질이 있는 사람이나 설명에 능한 전문가에게 이야기를 들을 때도 마찬가지다. 나는 암에 걸린 후 아내와 함께 의사를 만났는데 설명을 듣는 45분 동안 시계를 쳐다볼 겨를이 없었다. 45분이 지났다는 것도 나중에 알았다. 우리는 암 치료를 어떻게 해야 하는지 관심이 컸고 의사는 암, 치료법, 완치 후 조치(불행히도 약 25퍼센트)에 관한 유익한 정보를 세심하고 짜임새 있게 전달해 주었다. 의사의 이야기가 불분명하고 장황하고 진부하고 무심했더라면 우리는 아마 지루함을 견디지 못했을 것이다. 그러므로 (여러 사람이 주장하듯이) 오늘날 사람들은 주의 지속 시간이 짧아진 탓에 긴 설교를 좋아하지 않는다는 말은 성립될 수 없다. 주의 지속 시간이 짧아졌더라도 중요한 내용을 명쾌하게 전달하는 이야기에 집중하는 데는 아무 어려움이 없다. 그러나 엉성한 설교는 아무리 짧아도 견딜 수 없이 길다.

교인들에게 목사님의 설교가 조금 더 길었으면 좋겠는지 조금 더 짧았으면 좋겠는지 물어보라. 거의 모두 '조금 더(혹은 아주 많이) 짧았으면 좋겠다'라고 답할 것이다. 한번은 어느 도시로 이사를 간 적이 있다. 나는 그곳에 좋은 설교자가 있는지 친구에게 물었다. 그 친구는 이 부근에서는 자기 교회 목사님이 최고라고 자랑했다. 그 목사님이 특별히 나은 점이 뭔지 말하지 않았기 때문에 친구에게 그 까닭을 물었다. "여기서 30분 내에 갈 수 있는 거리에서 설교를 잘하는 목사님은 없어. 하지만 조지(가명) 목사님은 자기가 설교를 못한다는 걸 적어도 알고는 계시지. 그래서 설교가 짧아. 다른 목사님들은 10분도 집중 못 할 설교를 3, 40분이나 해. 조지 목사님은 못 견딜 성싶으면 설교가 끝나." 분명히 말하지만 이것은 칭찬을 가장한 악담이다. 하지만 이것이 설교의 현주소다. 설교가 워낙 형편없기 때문에, 기껏 우리는 그들도 그 사실을 알기에 설교를 길게 하지 않는다고 말할 뿐이다. 반대로 나는 끝나는 것이 아까울 정도로 훌륭한 설교를 들어 보았다. 학자연하지 않으면서 텍스트에 충실하고, 내용이 깊고, 보편적인 통찰이

알차고, 군더더기 하나 없이 짜임새가 매끈하고, 영혼을 쪼개고 살찌우는 설교이기에 나는 그 설교를 들으면서도 설교가 끝나지 않기를 바라고 또 바랐다. 나는 그때 깨달았다. 설교의 길이는 시간으로 정할 수 없음을. 설교의 길이는 흥미 이후의 시간 즉 교인들이 흥미를 잃은 후(일단 흥미를 느껴야 하겠지만) 설교자가 계속 설교하는 시간을 기준으로 정해야 한다.

설교자들은 회중이 설교에 흥미를 갖지 못하는 이유를 너무나 쉽게, 줄어든 주의 지속 시간이나 영적인 무관심 탓으로 여긴다. 그러나 회중의 무관심은 대개 부실한 설교, 즉 활기 있고 성실하게 경청하는 회중에 부응하지 못하는 설교 탓일 경우가 많다. 그럴 경우 회중은 설교에 귀를 기울이지 않는다.

동시대적 교회와 이머징 교회

몇몇 경우 이른바 동시대적 예배를 도입한 교회와 스스로를 '이머징'이라고 부르는 교회 사이에는 별 다른 차이가 없다. 굳이 이 두 교회를 구분하지 않아도 될 정도다. 그들은 일반적으로 교회의 전례를 다른 것으로 대체해야 한다고 믿는다. 그들이 이런 주장을 하는 이유는 전부는 아니더라도 전통

교회 대다수가 정체돼 있고 세상과 불통하기 때문이다. 그들의 주장은 과장됐지만 전적으로 거짓은 아니다. 몇몇 교회, 어쩌면 아주 많은 교회가 정말 침체 상태다. 하지만 그들은, 교회가 잘못된 일을 하고 있어서 정체된 것이 아니라 일을 잘못하기 때문에 침체될 수도 있다는 것을 아직 모르는 듯하다.

웨스트민스터 소요리문답 제89문의 답은 "하나님의 영은 하나님의 말씀을 읽는 것과 특히 설교를 효과적인 방도로 삼아 죄인을 반성시켜 회개하게 하시며 또 믿음으로 말미암아 거룩함과 위로를 더하사 구원에 이르게 하신다"이다. 자, 죄인이 죄를 깨달아 회개하고 믿음으로 위로를 받고 거룩하게 자라 구원에 이르게 하는 일 외에 교회가 바라는 것이 있을까? 그런데 우리가 '설교'라고 부르는 모든 설교가 웨스트민스터 소요리문답이 뜻하는 설교일까? 강단에 서서 말하기만 하면 거룩한 능력이 나오는 것일까? 설교의 몇 가지 요건을 구체적으로 제시하는 웨스트민스터 예배모범에 의하면 그렇지 않다. 교회가 죄를 깨닫게 하지도, 회개하게 하지도, 위로를 주지도 못한다면 설교로는 이런 일을 할 수 없기 때문일까, 설교가 엉성하기 때문일까?[10]

수많은 교회의 설교가 매우 엉성하기 때문에 설교라고 부를 수 없을 지경이다. 동시대적 교회와 이머징 교회는 웨스트민스터 소요리문답에서 말하는 설교를 암암리에 부정하고 다른 방도를 통해 교회의 목적을 이루려고 한다. 교회가 여러 면에서 실패하고 있다는 그들의 주장에는 찬성하지만 그것은 교회가 잘못된 방도를 쓰기 때문이 아니라 옳은 방도를 잘못 쓰고 있기 때문이다. 한 병원에서 수술받는 환자들이 계속 죽는다면 메스를 쓰지 말자고 할 수도 있지만 메스를 조금 더 능숙하게 쓰자고 할 수도 있다. 나는 동시대적 교회와 이머징 교회에 이런 말을 하고 싶다. 설교가 훌륭한데도 정체된 교회가 있으면 보여 달라. 나는 여태껏 그런 교회를 보지 못했다. 내가 본 침체된 교회들은 설교가 아주 형편없었다. 하지만 아주 많은 교회가 전통적인 설교를 폐지하고 있다는 사실은 목사님들은 설교를 못한다는 내 주장을 뒷받침한다. 목사들은 설교를 정말 못하기 때문에 그리스도인들조차 하나님은 설교의 미련한 것으로 믿는 자들을 구원하신다는 것을 믿지 못하게 되었다(고전 1:21).

인사 고과

오늘날 설교가 형편없다는 것을 증명하는 마지막 증거는

인사 고과다. 더 정확하게는 인사 고과의 부재다. 목회자를 상대로 인사 고과를 하는 교회는 찾아보기 어렵다. 오래전 뉴햄프셔에서 목회했던 교회에도 인사 고과 제도는 없었다. 나는 결정 단계에서 교회가 제시하는 사례비를 덜 받을 테니 두 가지 조건을 들어 달라고 했다. 연구 목적 휴가 일주일과 인사 고과. 이 두 조건을 제시한 것은 어떤 분야에서든 전문가라면 마땅히 자기 성과에 대한 인사 고과를 받아야 한다고 믿었기 때문이다. 교사와 교수들은 인사 고과를 받는다. 기업의 임직원들은 인사 고과를 받는다. 일을 하는 사람치고 그 사람의 장단점을 평가해서 앞으로 더 많은 성과를 내는 데 도움을 주는 인사 고과의 중요성을 모르는 사람은 없다.

그런데 교회는 왜 목사님들의 인사 고과를 하지 않는 걸까? 설교가 짜임새가 없다, 이해할 수 없다, 뜬구름 잡는다, 엉성하다는 말을 목사님들은 듣고 싶지 않고 교회들은 목사님을 모욕하거나 기분을 상하게 하고 싶지 않기 때문이다(그리고 교회들은 인사 고과에 부정적인 면이 있다는 것을 알고 있다). 설교에 정직한 평가를 내린다는 것이 얼마나 고통스러운 일인지 설교자도 알고 교회도 알기에 인사 고과가 없다는 것 자체가 오늘날 설교가 형편없다는 뚜렷한 증거가 된다.

문제는 신학교?

이쯤 되면 우리는 신학교를 탓하기 시작한다. 나는 고든콘웰 신학교에서 13년 동안 가르쳤고 방문 교수 자격으로 가르친 학교도 많기 때문에 신학 교육이 불완전하다는 것은 누구보다 잘 안다. 하지만 오늘날 형편없는 설교는 신학교 잘못이 아니다. 사실 설교학을 뛰어나게 가르치는 신학교들이 많고 그 분야에는 매우 훌륭한 학자들이 포진해 있다. 고든콘웰의 해던 로빈슨Haddon Robinson과 스콧 기브슨Scott Gibson은 훌륭한 설교자이자 설교자들의 훌륭한 스승으로 강해설교에 관한 훌륭한 책을 썼다. 커버넌트 신학교의 브라이언 채펠Bryan Chapell 총장 역시 설교에 관한 훌륭한 책을 썼는데, 그는 뛰어난 설교를 할 뿐 아니라 설교를 가르치는 데도 탁월하다. 피츠버그 신학교의 윌리엄 칼Bill Carl 총장은 훌륭한 설교자이자 설교학자이고 이웃에 있는 트리니티 신학교의 폴 잘Paul Zahl 학장도 마찬가지다. 그리고 그린빌 신학교Greenville Seminary의 조지프 피파Joseph Pipa 총장은 매우 훌륭한 설교자이며 앞서 언급한 사람들(과 또 여러 사람들)같이 유능한 설교학 교수이다. 오늘날 신학교에는 설교학자들이 아주 많기에 뛰어난 설교자와 훌륭한 설교학자들을 계속 나열하는 것은 전혀 어렵지 않다.

문제는 신학교에 '입학하는' 목회자 후보생들의 상태다. 1950년대 이후로 문화가 크게 변했다. 언어(읽기와 쓰기)가 지배하던 문화에서 이미지, 특히 영상이 지배하는 문화로 바뀌었다. TV와 영화뿐 아니라 잡지와 신문도 1950년대에 비해 이미지를 훨씬 더 강조하고 있다. 〈라이프〉와 〈룩〉은 1960년대에 막대한 자금을 들여 일류 사진가를 고용해 사진 위주의 잡지를 발행했다. 텍스트는 사진이 전달하는 이야기를 겨우 보조하는 역할만 했다. 의회도서관장이었던 고(故) 대니얼 부어스틴Daniel Boorstin이 한 말이다. "머지않아 사진은 인쇄물 자체를 하찮게 만들 것이다."[11] 미국 성인은 평균적으로 1년에 책을 아홉 권도 읽지 않으며 책 읽는 시간(잡지, 신문 등 포함)보다 TV를 시청하는 시간이 무려 17배나 많다. 2004년 국립예술기금(NEA)의 연구에 의하면 미국인은 일반적인 독서 능력뿐 아니라 특히 문학작품을 읽는 능력이 부족했다. 1982년부터 2002년까지 20년 동안 문학작품을 읽는 미국 성인은 10%나 줄었다.[12] NEA 의장 다나 지오이아Dana Gioia는 이렇게 말했다. "문학 작품을 읽는 것은 지적 능력이자 사회적 습관으로 상당히 많은 교육, 문화, 경제적 요소들을 좌우한다. 미국인들이 이런 능력을 잃게 되면 미국은 교양이 부족하고 나태하고 의존적인 나라가 될 것이다. 이런 능력은 자유롭고 혁신적이고 생산적인 사회를 유지하는 데 필수적인 자질이다."[13] 이런 문화적 변화의 결과로 우리는 강해설교에 필수적인 감성(현실을 인식하고 이해하고 경험하고 평가하는 능력)을 대부분 잃어버렸다. 텍스트를 읽을 수도, 짜임새 있는 글을 쓸 수도 없는 사람을 신학교에서 가르치려는 것은 마치 독일산 개 닥스훈트에게 프랑스어를 가르치려는 것이나 다름없다.

이 부분은 잠시 후 더 자세히 살펴볼 테지만 지금은 소개만 해두자. 20세기 중반의 교육은 주로 텍스트 중심이었다. 사람들은 텍스트를 읽었을 뿐 아니라 서술 '방식'이 '주제' 못지않게 중요한 문학 작품도 읽었다. 이것을 '텍스트를 읽는' 과정이라고 하는데, 다른 형태의 독서에는 서술 '방식'을 감상하는 능력을 활용하지 않기 때문이다. 정보를 찾으려고 전화번호부를 '읽는' 것과 셰익스피어의 소네트를 읽는 것은 엄연히 다르다.

인간의 성욕을 다룬다는 공통점은 있어도 킨제이 보고서를 '읽는' 것과 톨스토이의 《안나 카레니나》를 읽는 것은 사뭇 다르다. 또 역사책을 읽는 것과 존 밀턴의 《실낙원》을 읽는 것 역시 똑같은 구석이 없다. 우리 문화가 완전히 소양을 잃

어버린 것은 아니지만 '텍스트'를 정독하는 데는 소양을 잃은 것이나 마찬가지다.[14]

더욱이 우리는 점점 더 책맹(冊盲) 문화가 돼가고 있다. 나는 '책맹'이라는 말을 의회도서관장 제임스 빌링턴James Billington 박사를 사적으로 만난 자리에서 처음 들었다. 그는 사람들이 읽을 수는 있지만 읽지 않는 현상에 관한 연구를 들려주었다 (앞서 말한 NEA 보고서 내용). 오랜 기간에 걸친 연구에 의하면, 누구나 예상했겠지만 책맹률은 서서히 꾸준히, 그러나 당황스러운 속도로 증가하고 있다. 더욱 중요한 것은 우리 문화가 텍스트 소양을 잃고 있다는 것이다. 사람들은 텍스트, 즉 서술 방식이 주제 못지않게 중요한 책을 읽지 않는다. 마찬가지로 전화나 휴대전화로 '연락해서 통화할' 수 있는 사람들에게는 글을 쓰지 않는다. 간간이 쇼핑 목록이나 쪽지는 쓰더라도 글쓰기는 하지 않는다. 한 자리에 앉아서 빈 종이나 공책에 개요를 쓰고 지우고 쓰고 지우기를 여러 차례 거친 후 글을 쓰는 법이 없다. 예를 들면 전화로 나누는 대화에는 남북전쟁 당시 군인들이 고향에 보냈던 편지에 나타난 의사교환 능력을 전혀 찾을 수 없다. 차분히 생각을 길어 짜임새 있게 소통하는 감성은 더 이상 우리 문화의 특징이라고 할 수 없게 됐고 그런 감성은 작가들의 전유물이 되었다.[15] 이런 문화적 변화, 특히 지배적 미디어의 변화로 20세기 초에는 읽고 쓸 수 있었던 '그 양반'이 이제는 아무것도 할 수 없게 됐다는 것과 '그래서' 설교할 수도 없게 됐다는 것을 조금 더 자세히 살펴보자.

내 기본 전제는 미디어 생태학에서 중요하게 여기는 전제다. 곧 사람의 다양한 감성은 사회 환경에 의해 형성된다. 프랑스에서 자라는 아이는 프랑스어로 말하고 미국에서 자라는 아이는 영어(비슷한 것으)로 말한다. 두 아이는 단순히 모국어를 배울 뿐 아니라 생존에 필요한 것 이상까지 습득한다. 운율과 억양, 소리 내어 말하는 즐거움을 주는 멋스럽고 독특한 소리를 배운다. 두 아이는 스스로 모국어를 '선택'하지 않는다. 문화가 모국어를 정해 주기 때문이다. 시간이 지나면 외국어를 선택해서 언어를 늘려 갈 수는 있다. 나는 이미 미디어 생태학을 정식으로 공부하기 몇 년 전에 이런 기초적인 사실을 직관적으로 알고 있었다. 어느덧 10년 전 일이지만 내가 처음으로 '공항 놀이'를 했던 기억은 지금도 생생하다. 공항에서 비행기를 기다리는 동안(혹은 비행 중에) 사람들은 흔히 처음 보는 사람과 대화를 나눈다. 나는 처음 만나는 사람이라도 책을 읽는 사람인지 아닌지 10분 안에 맞힐 수 있다는 것을 발견했다. 그가 책을 가까이하는 사람이라는 판단이 들면 나는 "요즘 무슨 책을 읽으세요?"라고 묻는다. 그러면 상대는 깜짝 놀라며 "그걸 어떻게 아세요? 책 이야기는 하지도 않았는데"라고 말한다. 내 대답은 늘 같았다. "말씀하시는 걸 보면 알 수 있지요. 말투가 요즘 사람들하고는 달라요. 속어와 유행어를 쓰지 않고 말을 의미 있고 정확하게 쓰는 사람들에게 티가 나기 때문이지요."

공항 놀이는 이것이 전부가 아니다. 대화가 2, 30분을 넘으면 나는 그가 글을 쓰는 사람인지 아닌지 알 수 있다. 그리고 45분에서 1시간이 넘으면 그가 고전어를 공부했는지 안 했는지도 어렵지 않게 추정할 수 있다. 글쓰기를 하는 사람은 글을 쓰지 않는 사람보다 말을 조리 있게 한다. 운치 있는 말은 아니지만 그들에게는 '문장 방귀'라고 부르는 것이 드물다. 문장 방귀는 내가 만든 말인데 문장을 시작했으나 온전히 맺을 수 없다는 것을 도중에 깨닫고 문장을 다시 시작하는 말버릇이다. 간단한 문장인데도 서너 차례 문장 방귀를 뀌는 사람이 있다. 그런 사람은 결코 글을 쓰지 않는 사람이다. 사설이나 편지, 일기는 물론이고 시간과 생각을 요하는 것은 아무

것도 쓰지 않는다. 하지만 글쓰기를 하는 사람은 생각을 짓는 일에 익숙해져서 말을 할 때 작문 감각을 발휘한다. 안긴문장을 여럿 안은 긴 문장을 문장 방귀 하나 없이 능숙하게 맺는 것이다. 라틴어나 그리스어 같은 고전어를 공부한 사람을 알아내는 것은 조금 더 어렵고 시간이 걸리지만 이것 역시 방법이 있다. 고전어는 굴절(명사, 대명사, 형용사, 동사 등의 형태 변화—옮긴이)이 심하기 때문에 고전어를 공부한 사람은 세세한 문법까지 놓치지 않으며 문장이 매우 정확하다. 예를 들면 포괄적인 단어보다는 구체적인 단어를 자주 쓴다. 더욱이 영어는 이제 몇몇 대명사만 격에 따라 굴절할 뿐인데 고전어를 공부한 사람은 격변화를 정확하게 구사한다. 목적격 대명사(her and me) 대신 주격 대명사(she and I)를 쓸 자리에 주격 대명사를 일관하게 쓰는 사람은 거의 틀림없이 고전어를 공부한 사람이다(나는 격변화를 정확하게 쓰지 않으면서도 내 말을 '고쳐 주려는' 사람을 만날 때 인생의 낙을 느낀다). 공항 놀이는 과학적으로 증명된 것은 아니지만 여태껏 내 예상은 모두 적중했다.

공항 놀이는 미디어 생태학자의 기본 전제가 옳다는 것을 증명한다. 즉 사람의 여러 감성은 우리를 가르치는 사회 환경에 의해 형성(되거나 사장)된다. 미디어 생태학자들 중에 결정

론자는 드물다. 그들은 개인이 자기 문화의 장단점을 정확히 판단한 후 스스로를 바꿔 갈 수 있다는 것을 인정한다. 하지만 이런 노력을 떠나서 사람의 감성(현실을 인식하고 이해하고 경험하고 평가하는 능력)은 문화에 의해 결정된다. 지금부터는 20세기 후반에 나타난 문화 변동, 특히 미디어의 변화를 간략하게 살펴본 후 이런 변화 때문에 설교를 잘하는 데 중요한 감성이 발달하지 못하는 것은 아닌지 알아보자.

2장

책망 설고자들

정보를 읽는 것과 텍스트를 읽는 것은 천양지차다. 정보를 읽을 때는 주제의 서술 '방식'에 관심이 없다. 오로지 내용에만 집중한다. 사실 속독은 정보를 효율적으로 읽는 방법인데 실제로 속독을 할 때는 관사, 전치사, 형용사, 부사를 대부분 무시하고 읽는다. 하지만 텍스트를 읽는 것은 느리고 수고로운 과정이다. 텍스트를 읽는 것은 주제 때문이라기보다는 주로 그 양식 때문에 세대를 초월해 전해지는 문학 텍스트를 읽는 것이다. 셰익스피어가 소네트의 첫 40수에서 남자들의 우정에 관해 말한 내용이 특별히 중요하다든지 흥미로운 것은 아니지만(그런데 그가 남자들의 사랑―동성애는 아니다―에 관한 소네트를 여럿 지었다는 점은 흥미롭다) 그가 말하는 '방식'은 독자를 매료시킬 정도로 매우 유려하다. 하지만 오늘날 우리 문화에서 셰익스피어의 소네트를 즐겁게 감상하면서 읽을 수 있는 사람이 (목사를 포함해) 얼마나 될까? 셰익스피어는 둘째 치고 1961년 케네디 대통령 취임식에서 연설까지 한 로버트 프로스트Robert Frost 같은 현대 시인들의 작품을 읽는 사람은 얼마나 될까? 요사이 시인이 대통령 취임식에서 연설을 하는 것을 보았는가?

오늘날 사람들이 뭔가를 읽을 때는(자주 읽는 편은 아니지만) 대부분 정보나 내용을 읽는다. 글 짓는 솜씨가 뛰어난 작가를 읽을 때 얻는 기쁨을 누리려고 글을 읽는 경우는 드물다. 예를 들면 목사님들은 흔히 역사책을 읽는데 몇 가지 드문 경우를 제외하면 대부분 글맛을 보기보다는 '사건'을 보려고 역사책을 펼친다. 예를 들면 나는 고(故) 스티븐 암브로스Stephen Ambrose가 쓴 책은 대부분 즐겁게 읽었다. 하지만 그는 문학적으로 뛰어난 글을 쓰는 작가는 아니었다. 내가 그의 책을 즐겁게 읽는 것은 글맛 때문은 아니다. 사실 그가 말기에 대륙횡단철도를 주제로 쓴 책에는 똑같은 문단이 두 번이나 반복되었다. 문단을 그대로 복사해서 붙여 넣은 것이 분명할 정도로 두 단락은 40쪽이나 떨어져 있는데도 토씨 하나 틀리지 않았다. 글쓰기 장인은 이런 실수를 하지 않는다. 셰익스피어의 소네트에서는 이런 실수를 눈을 씻고 찾아도 찾을 수 없다. 내가 보기에 암브로스는 작가로서 독자에게 두 가지 점에서 큰 기쁨을 선사했다. 첫째, 그는 미국을 사랑하는 사람이었다. 따라서 미국의 중요한 역사에 관심이 깊었다. 둘째, 그는 결함이 많고 불완전한 인간이 범상치 않은 환경에서 위대한 일을 성취하는 이야기를 사랑했다. 암브로스는 작가로서 이 두 가지 장점이 있었기 때문에 미국의 실험 정신을 사랑하는 사람이나 사람에게 나타나는 하나님의 형상이 보고 싶은 사람(혹은 둘 다 좋아하는 사람)이라면 누구나 그의 책을 즐겁게 읽을 수 있는 것이다.

그런데 문학적인 글쓰기를 하는 역사가들도 있다. 우리 가족이 사는 곳은 피츠버그인데 이 도시 출신의 데이비드 매컬로David McCullough는 오랫동안 흡입력 있는 문체로 글을 써온 역사가다. 존스타운 홍수를 다룬 첫 작품에는 그런 면이 부족했지만 최근 작품(존 아담스뿐 아니라 파나마 운하와 브루클린 다리에 관한 책)들에는 이야기를 능수능란하게 전개하는 글 솜씨와 아름다운 문체가 잘 드러난다. 역사가 조지프 엘리스Joseph J. Ellis가 쓴《건국의 형제들Founding Brothers》은 문학성 때문에 오랫동안 독자들의 사랑을 받을 책이다. 이 책에는 독자들이 읽고 또 읽고 싶을 정도로 아름다운 문장들이 많다. 제임스

로버트슨James Robertson과 바브라 터크먼Barbara Tuchman 역시 맛깔스런 문장을 쓰는 역사가들이다. 미국 기독교 역사 분야에서 조지 마스든George Marsden이 쓴 조나단 에드워즈에 관한 책은 문학적으로 매우 훌륭하다. 하지만 이런 작가들이 있다고 해서 독자들이 역사서를 읽는 이유가 달라지는 것은 아니다. 대다수는 글을 읽는 즐거움보다 역사적 사건에 관심이 더 많다. 글이 맛깔스럽게 술술 읽히면 책 읽는 재미가 더할 텐데도 독자들은 그 차이를 정확히 모르고 흔히 문학적으로 뛰어난 글을 알아주지 않는다.

다른 장르도 사정은 마찬가지다. 목사들은 톰 클랜시Tom Clancy 류의 책을 비롯해 자기계발 부문 베스트셀러도 꾸준히 읽지만 여느 독자들보다 텍스트에 관심을 갖는 목사는 드물다. 그들은 정보를 찾거나 취미로 책을 읽지만 좋은 글을 찾아서 읽는 기쁨 때문에 책을 펼치지는 않는다. 그들은 단어와 문장으로 빚어낸 은은한 기적은 눈여겨보지 않고 글의 내용만 캐내갈 뿐이다.

설교자가 이런 현상에 물들면 어떻게 될까? 그는 여느 책을 읽듯 성경도 똑같은 방식으로 읽는다. 속독으로 쭉 훑으면서 가장 명백하게 눈에 띄는 '내용'을 찾는 것이다. '이 본문은 무엇에 관한 말씀일까?' 그는 이런 물음을 가지고 성경을 읽지만 텍스트가 어떻게 '조직'됐는지는 눈여겨보지 않는다. 마치 머리에 MS워드 프로그램을 설치해서 성경 본문에서 신학적으로나 영적으로, 도덕적으로 중요한 단어들은 볼드체로 보는 듯하다. 그는 요한복음 3장 16절과 로마서 5장 8절을 똑같은 방식으로 읽는다. 두 구절은 모두 하나님의 사랑에 '관한' 말씀인데 그 외에는 뭣이 더 있는지 알지 못하는 것이다. 요한복음 3장 16절을 가지고 설교하는 하나님의 사랑이나 로마서 5장 8절을 가지고 설교하는 하나님의 사랑이나 차이가 없다.[1] 그러므로 그는 요한복음 3장과 로마서 5장에서 달리 나타나는 하나님의 사랑의 특징을 결코 알 수 없다(그래서 설교를 하지도 않고 할 수도 없다).[2] 그가 하는 설교는 모두 기독교의 '일반적인' 진리나 신학에 관한 것으로, '특정' 본문을 미리 읽을 때 떠오른 추억이나 (그가 알고 있는) 기독교의 주요 사실에서 비롯된 것이다. 그는 성경을 읽으면서도 생각의 자극을 받지 않는다. 설교자가 (스스로 뭘 알고 있는지 확인만 했을 뿐) 특별히 텍스트에서 자극받는 것이 없는데 그가 하는 설교가 회중을 자극할 리는 만무하다.

더욱이 그는 명백한 내용만 읽기 때문에 텍스트를 오해하는 경우가 빈번하다. 뭔가에 '관한' 것이라고 여기는데 사실은 그것이 아니기 때문이다. 《양과 목자》라는 책이 있다.[3] 유명한 책이지만 이 책을 모르더라도 시편 23편으로 목자이신 하나님에 '관해' 설교하는 것은 틀림없이 들었을 것이다. 하지만 이런 견해는 잘못된 판단이다. '목자'는 분명히 비유적 표현이다. 그렇다면 이 비유도 여느 비유와 마찬가지로 당대의 문화로 풀어야 한다. 고대 근동 문화에서 목자는 흔히 군주를 상징하는 표현이다. 이스라엘도 예외가 아니었다. 시편 23편은 목가적인 시가가 아니다. 이것은 이스라엘의 '목자' 다윗 왕이 여호와를 '그'의 목자 즉 그의 왕으로 인정하는 심오한 역설에서 출발하는 왕의 노래다. 시편 23편은 이스라엘의 목자가 하나님의 주권을 찬양하고 의지하는 것처럼 이스라엘 백성도 왕이신 여호와를 믿어야 한다고 가르치는 노래다.

시편 전체를 문학적·역사적 맥락에서 읽을 줄 아는 문학적 감성이 있는 사람은 이 사실을 알지만 목사님들 대다수는 문학적 감성이 발달하지 못했기 때문에 이 사실을 모른다. 그들은 포도원 일꾼의 비유가 늘 알쏭달쏭할 것이다. 노동법에 저촉된 불법 행위에 관심을 빼앗긴 나머지 결코 명백하게 드러나지 않은 뭔가에 '관한' 말씀 즉 하나님이 값없이 주시는 은혜나 더 정확하게는 유대인과 더불어 이방인도 구원하시는 은혜를 발견하지 못하기 때문이다.

텍스트는 의식적으로 매우 면밀하게 읽어야 한다. 셰익스피어의 소네트는 14행의 행 하나하나가 매우 중요하므로 한 행도 뺄 수 없다. 이런 텍스트를 익숙하게 읽는 사람은 한 행이 전체에 기여하는 바가 '무엇'이고 '어떻게' 기여하는지 살피면서 글을 읽는다. 하지만 텍스트를 숙독하는 데 서툰 사람은 스스로가 중요하다고 판단하는 단어와 자명한 개념을 찾은 후 그 개념을 가르친다. 본문 전체를 설명하고 각 문장이 글의 통일성에 기여하는 바를 보여 주는 사람은 드물다. 뛰어난 강해 설교자 중에 문학을 읽지 않는 사람은 손에 꼽을 정도지만 설령 시나 문학을 읽지 않았어도 그리스어나 히브리어를 상당히 많이 공부한 덕분에 텍스트를 면밀히 읽을 줄 알았다. 고대 굴절어들은 작은 변화에도 깊은 주의를 기울여야 하기 때문에 고전어 학습을 통해 텍스트를 꼼꼼히 뜯어보는 습관을 들인 것이다.[4]

우리는 문화적으로 더 이상 성경이든 일반 텍스트든 정독하지 않는다.[5] 정보를 찾아 훑어보는 눈은 있어도 심미안은 없다. 풀어서 설명하는 능력을 잃어버린 셈이다. 우리는 글

쓴이의 세계로 들어가 그가 보는 현실을 들여다보려고 텍스트를 읽지 않는다. 우리는 이미 믿고 있는 것을 확인받으려고 텍스트를 읽는다. 이런 우리에게 텍스트는 거울이다. 우리는 텍스트 자체를 감상하는 것이 아니라 텍스트에서 우리 자신을 볼 뿐이다.[6] 성경을 50년 동안 매일 꾸준히 읽었는데도 생각이 조금도 변하지 않는 그리스도인이 많은 것은 부분적으로 이런 이유 때문이다. 텍스트는 그들의 견해를 뒤집기는커녕 건드리지도 못한다. 그들은 텍스트를 읽어도 꼼짝도 하지 않는다. 그들에게 텍스트는 그들이 이미 알고 있는 것을 떠올리게 하는 도구에 불과하다. 그들은 텍스트를 자세히 설명하지도 못하고 다른 사람이 뭘 말했는지, 어떻게 말했는지 설명하지도 못한다. 다른 사람의 말에서 자기 생각과 일치하는 것만 알아볼 수 있다. C. S. 루이스의 말을 빌리자면 그들은 텍스트를 '사용'할 뿐, '수용'하지는 않는다.[7]

우리가 텍스트를 읽지 못하는 직접적인 원인은 전자 미디어 때문이다. 전자 미디어가 지배하는 문화는 속도 자체가 매우 빠르다. 전자 미디어는 어마어마한 속도로 소리와 이미지를 쏟아 낸다. 우리는 소리와 이미지에 각각 일정한 영향을 받는데 전자 미디어가 형성하는 삶의 '속도'는 각각의 영향보다 훨씬 크다. 우리는 온전히 뭔가에 몰두하지 않고 산만함과 멀티태스킹에 순응해 간다. 이런 속도전의 대항마는 텍스트를 면밀히 읽는 정독이다. 정독을 하려면 시간을 들여 온전히 집중해서 책을 읽어야 하기 때문이다. 예를 들어 시를 급히 읽어서는 시구의 운율과 언어의 음률을 알 길이 없다. 시는 뇌가 정보를 해석하는 속도가 아니라 혀와 귀의 속도에 맞춰서 읽어야 한다. 문학비평가 스벤 버커츠Sven Birkerts는 이것을 아래와 같이 명징하게 표현했다.

> 시를 제대로 읽으려면 습관적인 현대 생활에서 빚어진 얄팍한 의식 상태에서 벗어나야 한다. 이것은 말처럼 쉬운 일은 아니다. 우리는 낱말을 덩어리로 모아서 읽는다. 눈을 쫓아오지 못하는 말소리는 테이프가 마그네틱 헤드에 긁힐 때 나는 잡음이나 다름없다. 그 잡음은 더 느려져야 한다. 처음에는 보통 속도로, 나중에는 두 배로. 그렇지 않으면 시인이 그 행에서 '들었던' 정교함을 결코 들을 수 없다.
> 느리게 읽는 것이 힘든 사람일수록 20세기로부터 빠져나와야 하고 시를 읽어야 한다.[8]

텍스트(와 특히 시)를 읽으면 '의미'를 찾아내는 감성을 기를 수 있다. 운문은 산문에 비해 압축적이기 때문에 행과 행에 아주 많은 의미가 담겨 있다. 그 안에는 생의 의미를 살갗으로 더듬는 시선이 풍부하다. 우리가 대개 흘리고 지나가는 것을 시인은 가만히 응시한다. 인간적인 것, 의미 있는 것, 중요한 것을 관찰한다. 시인은 다윗 왕의 눈으로 사람이 심히 기묘하게 지어졌음을 알아본다(시 139:14). 또 신학적인 믿음과 무관하게 하나님의 심판과 은혜라는 희비극적 현실의 내면에 주목한다. 시는 뭐든 될 수 있지만 결코 무가치할 수는 없다. 시는 심술궂고 비뚤어지고 분노하고 표독스럽고 반항하고 자기를 내세우고 이단적이더라도, 심지어 신성모독을 하더라도 가치가 있다. 윌리엄 해즐릿William Hazlitt은 말했다. "인생에서 추억할 가치가 있는 것은 모두 시다. 두려움, 희망, 사랑, 증오, 경멸, 질투, 후회, 감탄, 놀람, 연민, 절망, 광기. 이 모든 것이 시다."[9] 옳은 말이다. 시를 읽으면 일상의 권태에서 벗어날 수 있다. 호기심은 활기를 얻고 우리는 사물을 새롭게 관찰하며 우리 몸에 침전된 냉소와 슬픔에 화들짝 놀라게 된다. 온종일 전자 기기에 방해를 받았거나, 스케줄 관리 기기조차 절망스럽게 한탄할 정도로 빽빽한 일정을 소화한 후 로버트 프로스트의 〈자작나무〉를 읽으면 우리는 활기를 되찾는다. 아름다움, 만물, 놀이에 눈뜨는 인간으로 부활하는 것이다.

권태는 창세기 3장에 기록된 저주의 일부다. 사람은 절망을 이기고 수고하지 않으면 땅에서 아무것도 기를 수 없게 되었다. 우리는 저주받은 환경에서 생존하기 위해 반복하는 일상에서 효율을 얻었지만 차츰 인간성을 잃고 기계의 부품으로 변해 갔다. 인생은 방해 없이 쉬고 성찰하고 음미하는 시간을 허락하지 않는 수고로운 노동이 되었다. 시는 이미지와 소음의 안개를 뚫고, 나와 당신이 하나님의 형상으로 지어졌다는 것을 깨닫게 하는 일반 은총이다. 시인은 우리가 보고 넘기는 것을 가만히 응시하고는 함께 보자며 우리에게 손짓한다. 의미를 찾아내는 감성을 기르려면 사물을 오래도록 볼 줄 알아야 한다.

TV는 시와 반대로 본질적으로 가치가 없다. 따라서 문화를 지배하는 미디어의 변화는 결코 가벼운 일이 아니다. TV에 관한 모든 것은 가치가 없으며 TV는 가치 없는 것을 '위한' 완벽한 매체다. 화면은 늘 움직여야 하기 때문에(사실 카메라 앵글조차 움직여야 하는데 평균 3초 이내에 한 번씩 바뀐다) 움직이는 물체를 가장 잘 포착한다. 그런데 인생에서 더 중요한 것들 가운데 활발히 움직이는 것은 드물다. 사랑, 겸손, 믿음, 회개, 기도, 우정, 예배, 애정, 두려움, 소망, 극기. 우리는 인생을 이해하고 소명을 찾고 실패, 성공, 기쁨, 슬픔, 두려움, 사랑의 의미를 찾는다. 인생에서 중요한 것들은 대개 사람의 두 귀 사이에서 움직인다. 정신과 영혼의 세계는 본질적으로 언어의 세계이며 움직임이 없는 세계로, 급변하는 이미지의 세계와는 사뭇 다른 세계다.

TV(와 심지어 영화)는 이런 사실을 묘사하는 데 서툴며, 피상적이고 가치 없는 것을 묘사하는 데는 능하다. 그래서 고(故) 닐 포스트먼은 《죽도록 즐기기》에서 '맥닐-레러 뉴스'(두 바보?)보다 '바보 삼총사'가 더 좋다고 했던 것이다. 포스트먼은 TV와 영화는 가치가 없는데도 TV가 가치가 있는 듯 거짓 '행세'하는 것이 싫었다. TV 뉴스는 여론이 관심을 갖는 문제에 관해 10~15분 정도를 보도하면서 '심층' 분석을 했다고 생색을 낸다. 10분 안에 심층에 가닿을 수 있는 문제가 어째서 중요한 문제일까? 중요한 문제는 10분 안에 '소개하기'도 어렵다. 독서하는 문화는 중요한 것이 뭔지 사고할 수 있다. 글을 읽는 데 시간이 들고 중요한 것을 이해하는 데 역시 시간이 들기 때문이다. 하지만 6, 7분마다 광고가 끼어드는 데 익숙한 문화는 중요한 사안을 토론할 능력이 없다. 그 문제를 사고하는 데 필요한 참을성이 없기 때문이다.

예를 들면 나는 베트남 전쟁 막바지에 대학 생활을 했기 때문에(한동안 징병카드를 가지고 다니다가 닉슨 대통령이 징병제를 폐지해서 안도했다) 2년 전, 베트남 전쟁과 이 전쟁이 미국에 끼친 영향을 입문 수준에서 알아볼 요량으로 책 다섯 권을 읽기로 했다. 나는 맨 먼저 당시 국방장관이었던 맥나마라 기소 사건을 기록한 맥매스터H. R. McMaster의 《직무태만*Dereliciton of Duty*》을 읽고 싶었다. 또 맥나마라가 쓴 《회상*In Retrospect*》도 꼭 읽고 싶었다. 역사학과의 동료 교수는 조지 헤링George Herring의 《미국의 오랜 전쟁*America's Longest War*》을 추천했다. 그리고 나는 관련서 두 권을 더 구했다. 나는 이 다섯 권을 읽고 내가 정확하게 알지 못하고 지나갔던 미국의 역사에 관해 기초적인 지식을 개관했다. 평소 책을 읽는 사람이라면 한 가지 주제에 관해 기초적인 지식을 쌓으려면 최소 세 권에서 다섯 권은 읽어야 한다고 여긴다. 하지만 내가 책 다섯 권을 읽으면서 베트남 전쟁을 개관하는 데 들인 시간만큼 켄 번스Ken Burns가 다큐 방송을 진행한다면 방송 사상 가장 긴 다큐가 될 듯싶다! 책을 읽으면 인내심이 생기고 주의 지속 시간이 길어지는 반면 TV를 시청하면 참을성이 사라진다. 그러므로 독서는 중요한 일에 알맞고 TV는 시시한 일에 알맞다.

우리 문화가 TV 문화가 됨에 따라 우리는 깨어 있는 시간 동안 대개 무의미하고 대수롭지 않은 문제에 몰두한다(더 나쁜 것은 가치 없는 매체를 통해 가치 있는 문제에 몰두하는 것이다). 데이비드 덴비는 《위대한 책들과의 만남》이라는 훌륭한 책에서 이 문제를 다루었다.[10] 덴비는 중년의 나이에 모교 컬롬비아 대학으로 돌아가서 서양문명사 개론을 다시 공부하는 이야기를 들려준다. 학생, 교수, 책들 간의 유쾌한 토론으로 넘치는 이 책은 특히 무의미한 것에 늘 주목하는 문화와 직업(그는 앤서니 레인과 더불어 〈뉴요커〉 영화평론가다)의 성격 탓에 역설과 냉소에 물들어 있는 자신의 모습에 눈뜨는 과정이 흥미롭다. 덴비는 아들을 지켜본 후 이렇게 썼다.

> 맥스는 1950년대에 내가 그랬듯이 TV만 보는 아이가
> 아니었다. 맥스는 미디어에 파묻혀 사는 것이나 다름없었다.
> TV와 약간의 라디오뿐 아니라 영화, 비디오, 오디오테이프,
> 만화, 액티비티 북, 컴퓨터 게임, 닌텐도, 휴대용 게임보이,
> 그리고 가끔씩 찾는 오락실.

예나 지금이나 이런 것 하나하나는 해롭다는 생각이 들지
않는다. 하지만 이런 것을 다 합친다면? 글쎄다. TV 방송 하나,
영화 하나, 비디오나 컴퓨터 게임 하나가 맥스의 성격을 결정할
리는 없겠지만 전자 미디어가 쉴 새 없이 맹공을 퍼붓는다면
분명히 흔적이 남을 것이다…… 그것 때문에 맥스가 죽지는
않겠지만 그는 냉소를 배울 것이다. 아니면 대놓고 조소하는
법을 배울 것이다. 그는 미디어의 모든 것이 찰나적이고 쓰고
버릴 수 있다는 것을 안다. TV에서 보는 모든 것은 전파가
사라지듯 순식간에 사라진다. 아이들은 TV를 통해 조롱하는
법을 배우고 아무것도 중요하지 않다는 것을 감지한다. 그들은
나이가 들어 데이비드 레터먼을 풍자의 왕으로 모신다. 그들은
정체성이란 상황마다 변하는 역할이자 쓰고 벗을 수 있는
가면과 같은 것임을 그에게서 배운다.[11]

**덴비는 전자 미디어가 지배하는 문화는 옛날에는 가능했
던 인생의 의미 성찰을 불가능하게 한다는 것을 깨달았다.**

서양 고전 수업에서는 자아와 사회에 관한 쑥스러운 물음을
입에 달고 살았다. 미디어에 단련돼 냉소하는 버릇을 지닌

우리가 더 이상 묻지 않는 물음을. 자기 최면이라도 걸지
않으면 그런 질문을 할 수 없는데 결국 학생들은 미몽에서
깨어난다. 텍스트에 숨은 뜻을 공격하기 전에 텍스트를
사랑해야 하고 전자 '정보'의 불모지로 사라지기 전에
텍스트를 읽어야 한다.[12]

덴비는 1990년대 후반 소위 서구 경전에 관해 대학가에서 일어난 '문화 전쟁'을 목격한 후 진보와 보수가 모두 틀렸다는 것을 알았다.

한 해가 끝날 무렵 나는 보수와 진보 문화 이론가들이
허튼소리를 하고 있다는 것을 알게 됐다. 그들은 서구 전통을
단순화하고 축소시켰다. 그들은 깐깐하고 난해한 책들을
무시했다. 그들은 서구 전통을 빼앗긴 대다수 학생들은
알은체하지도 않았다. 백인, 흑인, 아시아인, 중남미인을
통틀어 대학 신입생 중에 책을 꾸준히 읽는 학생은 드물다.
진정으로 역사를 아는 학생이 드문 것이다. 진보 학자들이
말하듯 백인 남성 지배층을 제외하면 서구의 고전 텍스트는
지배와 억압의 수단이라고 하는 것은 모순이다. 백인 학생

대다수는 지적 전통이 그들의 것이라고 여기지만 흑인이나 아시아인에 비해 더 많이 아는 것이 없다. 그들은 고전을 읽지 않는다. 읽었더라면 수업 시간에 대답을 하겠지만 그 대답도 진보 학자들의 예상과는 다를 것이다. 미국 학부생들에게 '거대 담론'은 오직 하나, 즉 매스 미디어다. 급류처럼 쏟아지는 이미지와 소리들, 현재를 제외한 모든 것은 예스럽고 죽은 것으로 여기게 만드는 그 이미지와 소리들에 고등학교가 대항할 힘은 없다.[13]

우리는 이런 문화와 무관하다는 듯 살 수 없고, 오래전 자크 엘룰(특히 《말의 굴욕》)과 마샬 맥루한이, 오늘날에는 포스트먼, 덴비, 스벤 비커츠(《구텐베르크 만가》)가 주목하고 비평한 사실을 계속 무시하는 것도 안전하지 않다. 토드 기틀린 Todd Gitlin 역시 지배적인 전자 미디어는 무의미하다고 주장했다.

다시 말하면 구체적인 결과와 함께 날마다 들리는 미디어의 소음은 대개 '그냥 존재하는' 시시한 잡음이다. 이것은 미디어의 질적 저하도 아니고 장점도 아니다. 무의미한 잡음은 미디어의 본질이다. 우리는 대체로 이런 무의미함을 선택하지

'않을' 자유가 없다.[14]

우리는 폭탄처럼 쏟아지는 시시한 이미지와 소리에 침몰하여 가치 있는 것을 스스로 발견하는 데 필요한 반성과 성찰의 기회를 빼앗겼다. "1989년 널리 인용된 키쿠 아다토Kiku Adatto의 연구에 따르면 대통령 후보에 관한 평일 뉴스의 평균 사운드 바이트는 1968년 42.3초에서 1988년 9.8초로 줄었다(이해에 40초까지 지속된 바이트는 1퍼센트에 불과했다). 2000년 평균은 7.8초였다."[15]

이런 문화에서는 어떤 목사가 탄생할까? 진정으로 중요한 것이 뭔지 모르는 목사. 1940년대 네 살배기 아이보다 주의 지속 시간이 짧고 여느 사람들처럼 시시하고 하찮은 소리와 이미지에 늘 방해받아 가치 있는 것과 단절된 목사. 그들의 설교와 예배라는 것이 시시하고 얄팍하고 감동이 없고 지루한 것은 당연하다. 그들은 실용적인 '실천'을 무분별하게 설교한다. 설교는 으레 도덕을 강조하고, 감동은커녕 감상에 젖고 비굴한 자세로 문화 전쟁에 가담한다. 이제는 설교에서 타락한 인간의 실상, 다가오는 심판, 현세의 덧없음—옛날에는 설교마다 이런 내용이 있었다—은 찾아볼 수 없고 하찮고 시

시한 내용이 설교를 채우고 있다.[16]

어떤 면에서 지난 세대에 오간, 설교자와 설교에 관한 대화는 비교적 무익하다. 설교를 남자가 해야 하는가 여자가 해야 하는가는 상대적으로 중요한 문제가 아니다. 설교에서 진보나 보수의 사회정치적 의제를 발언할 수 있는가도 상대적으로 중요한 문제가 아니다. 실용적 '방법'이나 대중 심리학이 유익한가 아닌가는 큰 차이가 없다. 현실 문제보다 역사를 관통하는 창조, 타락, 구원의 문제를 중요하게 선포할 때 설교는 변화될 것이다. 법원이 무슨 문제에 대해 판결을 내릴 때마다 반대 성명을 내기보다는 사람들에게 하나님의 판결을 전하는 일에 집중할 때 설교는 변화될 것이다. 사람이 하나님의 형상을 따라 심히 기묘하게 지어진 까닭, 즉 '방법'보다 '까닭'에 더 관심을 기울일 때 설교는 변화될 것이다. 정치권 뉴스보다 하나님이 그리스도를 통해 죄인들과 화해하셨다는 놀랍고 영원한 복음을 선포할 때 설교는 변화될 것이다. 그런데 이를 위해서는 중요한 것을 찾아내는 감성이 필요하다. 시시한 것과 중요한 것을 구별하고 하찮은 것과 의미 있는 것을 분별하는 능력이 있어야 한다.

3장

/

다시 글쓰기를 고민하자

모든 기술 발전에는 연구 개발에 드는 비용 이상으로 지불해야 할 대가, 즉 기회비용이 있다. 쓰지 '않던' 기술을 새로이 도입하면 더 이상 하지 않는 일이 생기기 마련이다. 특히 미디어 기술의 기회비용은 매우 크다. 구술 문화가 문자 문화가 됐을 때 그 변화는 어마어마했다.[1] 인쇄술의 발달로 필사본이 책으로 출판된 것은 일대 사건이었다. 오늘날 신자들은 상상조차 못하겠지만 주후 1,500년 간 신자들은 책을 소유할 수 없었고(그래서 성경을 갖고 있는 사람이 아무도 없었다) 예배 중에 신부가 성경을 읽을 때에만 겨우 기록된 계시를 들을 수 있었다.[2] 우리가 기독교와 신앙을 바라보는 관점 자체가 기술 발달 즉 인쇄술에 의해 형성되었다. 우리는 며칠 동안 책을 읽을 수도 있지만 15세기 이전에는 책을 읽는 그리스도인들은 1퍼센트에도 훨씬 못 미쳤다.

19세기 후반부터 글쓰기나 인쇄술 못지않게 중요한 새로운 통신 기술, 곧 사무엘 모스의 전신기술로부터 휴대전화, 이메일, 인스턴트 메시지, 이미지 기반의 사진 매체로 발전한 온갖 전자 미디어가 등장했다. 전화는 개인의 의식과 사회를 급격히 바꾸었다. 모든 전자 미디어는 공간이라는 장벽을 무너뜨렸다. 사람이 곁에 없어도 대화할 수 있게 되었다. 길 건너편에 있든 지구 반대편에 있든 전화를 걸면 된다. 이 기술은 갑자기 아플 때 신속하게 구급차를 부를 수 있는 장점이 있는 반면 단점도 있다. 모든 단점을 다룰 수는 없으니 두 가지만 살펴보자. 첫째, 눈에 보이지 않는 사람의 음성을 들을 수 있다는 것. 둘째, 옛날에 비해 자주 혹은 신중하게 생각을 글로 옮기지 않는다는 것.

우리는 우리가 볼 수 없는 사람(그리고 우리를 볼 수 없는 사람)과 이야기하기를 좋아한다. 나는 아침부터 반바지를 입고 손에는 칫솔을 든 채 고양이를 산보 보내려고 문을 여는 내 모습을 보고 싶어 할 리가 없는 누군가와 통화할 수 있다(사실 나도 이런 내 모습을 거울로 보는 것은 싫다). 하지만 눈에 보이지 않는 사람과 대화를 하면 상대의 몸짓 언어와 시선을 해석하는 능력을 잃고 그의 말을 곧이듣게 된다. 상대를 보면서 대화를 나눌 때는 화제 전환에 반응하는 상대의 모습을 '읽을' 수 있어서 그가 그 화제에 관심이 있는지 없는지 판단할 수 있다. 상대가 거북한 표정을 짓는지 시선을 피하는지 알 수 있다. 하지만 전화로 '대화'할 때는 목소리밖에 들리지 않는다. 말에 덧붙여 음성으로도 알 수 있는 것이 있지만 몸짓에 비하면 그리 많지 않다. 전화상의 침묵은 더 어색한데 말을 보충해 주는 것을 전혀 볼 수 없기 때문이다. 반대로 마당에 나란히 앉아 대화를 나눌 때는 말없이 고갯짓으로 상대의 말을 응원할 수 있고, 할 말을 찾거나 즐겁게 듣고 있다는 표정을 읽을 수 있다.

이것은 설교에서도 분명하게 나타난다. 내 말을 듣는 상대의 반응을 읽는 훈련이 돼 있지 않(아서 서툴)다면 회중의 반응도 제대로 읽지 못할 것이다. 예를 들면 설교 시간에 회중은 전혀 말을 하지 않지만, 입만 열지 않을 뿐 눈이 있다면 분명히 알 수 있는 뚜렷한 반응을 보인다. 관심을 가지고 설교를 듣는지 다른 생각을 하는지 알 수 있을 뿐 아니라, 설교자는 성량, 말씨, 태도, 낱말 등에 변화를 줘 회중이 요점을 이해하도록 도울 수 있다. 나는 얼굴이 빨갛게 익은 사람이 몇몇 있을 정도로 더운 곳에서 설교를 할 때가 있었는데 설교의 핵심을 해치지 않는 범위에서 뺄 것은 빼고 평소보다 일찍 설교를 마쳤다. 실내 온도 때문에 집중력이 떨어진다는 것을 사람들의 표정에서 알았기 때문이다. 하지만 오늘날 목사님들은 회중의 반응에 무감각하다. 우리가 문화적으로 시각 반응이 전혀 없는 전화 통화에 익숙해졌기 때문이다. 나는 이례적으로 엉성한 설교를 듣는 날이면 고개를 돌려 사람들의 반응을 살핀다. 목사님을 쳐다보고 있는 사람은 거의 없다. 교인 전체가 설교를 듣지 않는데도 목사님은 그 사실을 모르고 있는 듯했다.

전화라는 매체는 우리의 글쓰기 능력도 앗아 갔다. 편지 쓰기는 무슨 말을 왜 어떻게 쓸지 충분히 생각하지 않으면 불가능한 일이다. 연습장에 개요를 쓰거나 초고를 써야 할 때도 있다. 하지만 전화는 특별한 용건이 있더라도 상대가 주제와 무관한 말을 할 때 예의상 들어 줘야 하고 내 용건은 꺼내지도 않았는데 쓸데없는 잡담을 20분이나 하게 된다. 사랑하는 사람의 음성을 듣는 것은 분명히 유쾌하고 흥겨운 일이지만 짜임새 없는 생각과 말에 익숙해지고 정돈된 생각과 말에는 서툴러진다는 것은 큰 손실이다.

나는 대학 시절 매주 부모님께 편지를 썼다. 그러면 보통

한 분(때로는 두 분)이 매주 답장을 보냈다. 나는 편지를 쓰면서 쓸 가치가 있는 것과 없는 것을 구별하고, 일정한 분량으로 내용을 제한하는 법을 배우게 되었다. 그때 쓴 편지의 낱말 수를 셀 수 있다면 틀림없이 일반적인 전화 통화 분량의 4분의 1이나 5분의 1에 불과할 것이다. 우리는 그만큼 전화로 말을 많이 하지만 중요한 내용이 늘어난 것은 아니다. 전화로 오가는 이야기에는 시시한 말들이 많다. 그런 말로 편지를 채운다는 것은 어리석기 그지없는 짓이다. 물론 통화는 독백이 아니라 대화이므로 글쓰기는 불가능하지만 우리는 '무슨 말부터 할까?'라고 본능적으로 질문하는 습관을 잃어버렸다.

이것이 설교에 끼친 영향은 명백하다. 전화로 하는 말에는 통일성, 구성, 운율이 드물다. 편지를 쓰는 시간보다 전화 통화 시간이 더 많은 설교자의 설교에서 통일성, 구성, 운율은 찾아보기 어렵다. 목사님들은 속어를 쓰지 않고 말을 빨리 하지 않으려고 노력하는데 정작 설교에는 전화 통화의 특징인 잡담이나 한담이 고스란히 드러난다. 그들은 본문(이나 본문에 관련된 책)을 읽다가 떠오른 생각을 얼기설기 엮어 설교를 하는데, 그런 설교는 통일성이나 구성이 빈약하다. 더욱이 중요한 것과 사소한 것을 구별하는 판단력은 눈에 띄게 부족하다. 처음부터 끝까지 목소리는 단조롭기만 하니 회중은 목사님이 '중요하게' 여기는 것이 뭔지 찾으려고 경청하지만 실패할 때가 많다. 부분적으로는 우리가 (전화로) 사소한 일을 두서없이 이야기하는 데 익숙하기 때문에 이런 일이 생기는 것이다.

19세기 전기 작가들은 《아무개의 생애와 편지》라는 책을 많이 썼다. 다 훌륭한 전기를 쓴 것은 아니지만 우리 문화와 얼마나 다른지 잘 보여 준다. 오늘날 편지를 중심으로 전기를 쓰라고 하면 요즘에는 편지 쓰는 사람이 없으니 그야말로 쓸 내용이 없다. 따라서 책을 쓸 수가 없을 것이다. 더욱이 19세기 편지들을 가만히 들여다보면 얼마나 생각이 명확하고 깊고 짜임새가 있는지 모른다. 신중하게 잘 짜인 편지에 익숙한 문화에서는 일반인들도 그런 글을 썼다. 오늘날 우리는 글쓰기의 가장 기초적인 물음조차 모르는 채 전화로 잡담을 나누기에 바쁜 문화를 이루었다. 그런 문화의 구성원에게 생각이 깊고 잘 짜인 설교를 기대한다는 것은 지나친 바람일 것이다.

개인의 개연적인 상황(이를테면 설교에 도통 관심이 없는 설교자)과 무관하게 문화 자체가 2차 세계대전 당시와는 크게 다르다. 우리는 우리 문화의 구성원이 고대 텍스트를 명징하고 짜임새 있게 설명해 줄 것을 기대할 수 없다. 옛날에는 누구나 지녔던 감성(텍스트를 정독하는 일)이 지금은 아무나 지닐 수 없는 감성이 됐고 옛날에는 누구나 했던 활동(글쓰기)이 지금은 상대적으로 누구나 기피하는 활동이 되었다. 옛날에는 날마다 사람의 얼굴을 보고 상대가 말하지 않는 감정을 '읽을' 수 있는 대화를 나눴지만 요즈음은 시각적 피드백이 없는 전화로 대화를 나눈다. 옛날에는 흔했던 감성 즉 중요한 것과 사소한 것을 식별할 수 있는 감성이 지금은 드문드문 발견된다. 오늘날 목사가 20세기 초의 기준으로 가장 평범한 설교라도 하려면 문화를 크게 거슬러야 한다.

신학교 교과 과정은 대체로 1차 세계대전 이후로 변함이 없지만 입학생들은 20세기 초에 비해 사뭇 다르다. 지난날에는 학생들이 시도 많이 접하고, 10년 가까이 고전어(라틴어, 그리스어, 혹은 둘 다)를 익혔기 때문에 시·고전어 강독을 통해 텍스트를 꼼꼼하게 읽는 법을 배웠다. 매주 글쓰기 과제를 요구하는 수업이 많았고 가족과 친구들에게 편지도 많이 썼다. 반대로 오늘날 신학교 입학생들은 60년 전 초등학교 6학년에서 중학교 2학년의 지적 수준에 머물고 있으니 신학교 교과 과정으로는 입학생들을 졸업 전까지 성인으로 만들 길이 없다.

4장

그리스도 중심의 설교를 하라

나는 일찍부터 설교를 일반적인 면에서 평가하는 내용을 이 책에서 다루리라 마음먹었다. 그래서 오늘날 설교에 관한 '주요 쟁점'은 일부러 우회했다. 그런데 한두 가지 쟁점과 충돌하는 일이 생기더라도 이제는 설교의 '내용'을 다룰 작정이다. 내내 관심을 가진 문화적인 문제와 더불어 오늘날 설교에는 알맹이가 없기 때문이다. 일관된 요점을 찾더라도 언급할 가치가 없을 때가 많고 강단에서 할 말이 아닌 내용도 많다. 그래서 나는 설교의 내용으로 마땅한 것은 무엇이고, 그것을 대체하고 있는 것은 무엇인지 간략하게 다룰 것이다.

나는 약 25년 동안 고심한 끝에 설교는 그리스도의 위격과 성품, 사역을 전하는 것이라고 믿는 사람들 편에 서게 되었다. 바울의 말대로 우리가 전하는 것은 우리가 아니라 십자가에 못 박힌 그리스도다. 우리의 메시지는 '십자가의 도'다(

고전 1:18). 우리는 그리스도가 구원자로서 위격과 성품을 갖추셨고 그분의 사역은 능히 우리를 구원할 수 있음을 선포한다. 옛 청교도 존 플라벨John Flavel의 말대로 우리가 바라는 것은 그리스도의 '본질[그리스도의 위격]의 영광과 중재자[그리스도의 사역]의 영광'으로 솟구치는 '생수의 샘'을 터뜨리는 것이다.[1] 제대로 된 예배에서 회중이 받는 것은 바로 그리스도 그분이다.[2]

그리스도는 사람을 죄책감과 죄의 권세에서 구원하시므로 성화된 우리는 하나님의 형상을 회복한다. 따라서 기독교의 메시지는 도덕관을 심어 주므로 못 박힌 그리스도를 전하는 설교에도 그런 윤리관을 의식적으로 담아낸다. 하지만 구원과는 분명 무관한 도덕 교훈을 강단에서 선포하는 것은 타당하지 않다. 즉 특정 본문을 충실히 강해하면서 바른 행동을 강조하더라도, 설교자가 회중에게 재우치는 바른 행동은 그리스도의 은혜를 통해 죄의 권세에서 구원받는 문제 자체임을 듣는 이가 알도록 전해야 한다. 이것이 제대로 이뤄지면 회중은 스스로를 구원할 수 없는 타락에서 구원받기를 간절히 사모하게 될 것이다. 그리고 회중은 인자하고 자비로우신 하나님이 나를 구원하실 수 있고 또 기꺼이 구원하시며 그 구원이 영화롭게 완성될 것이라는 사실에 기뻐한다.

그리스도의 위격과 사역에 중점을 두는 설교는 그리스도의 성품을 말할 수밖에 없다. 보통 '그리스도의 위격'이란 그분의 인성과 신성, 거룩 등을 말한다. 이런 것과 아울러 빼놓지 말아야 할 것은 그리스도의 위격에 포함된 성품이다. 특히 구원론적 의미에서 그분의 성품을 전해야 한다. 예수님은 스스로가 '마음이 온유하고 겸손하다' 하셨다. 히브리서 저자는 그분을 일컬어 하나님의 온 집에서 '신실하신' 분, '우리의 사정을 아시는' 대제사장이라고 했다. 설교는 구원의 직무를 효과적으로 성취하신 그리스도의 성품을 전하는 것이다. 사랑과 은혜, 연민을 비롯한 그분의 여러 가지 성품은 사역의 방향을 결정했다. 그러므로 그분의 성품을 선포해야 그분을 통해 하나님을 믿는 성도의 신앙이 자란다.

여러 설교학자들이 주장하는 것이 '그리스도 중심'의 설교다. 1장에서 언급한 로버트 루이스 대브니가 말하는 '복음주의 어조'는 바로 이런 설교를 뜻한다. 복음주의 어조는 설교 양식의 특징을 말하는 것이 아니라 19세기에 쓰이던 용어로서 '복음주의'가 설교의 알맹이가 돼야 한다는 것이다. 당시 '복음주의'는 부흥주의에 물들지 않았다. 복음주의란 개신교의 오랜 신조에서 말하듯 개신교 구원론 전체를 가리키는 말이었다.

> 첫째, 설교의 주된 '내용'은 복음주의가 돼야 한다. 이것은 사도들의 말에서 가장 잘 나타나는데 그들은 '그리스도를 전한다', '십자가에 못 박힌 그리스도를 전한다'라는 말을 자주 했다. 그들이 갈보리 십자가 사건이나 대속 교리만을 반복해서 설교했다는 말은 아닐 것이다…… 하지만 이것은 그들이 전하는 가르침의 핵심이었다. 이것이 중요했기에 그들은 끊임없이 반복해서 전했다. 거룩한 진리를 받치는 모든 기둥이 거기에 집중되었다.[3]

대브니가 사도 시대에는 갈보리 사건과 대속이 "중요했기에 그들은 끊임없이 반복해서 전했다"라고 말하는 대목을 눈여겨보라. 오늘날의 설교는 어떨까? 예수님이 죄인들을 대신해 죄를 대속하셨다는 사실이 빛이 바랬다는 것 외에 뭐라고 말할 수 있을까? 오늘날의 설교(라고 여기는 것)에는 그 사실보다 더 강조되는 것들이 아주 많다. 결국 속죄보다 그것을 더 중요하게 여긴다는 것이다.

우리 세대에 그리스도 중심의 설교를 옹호한 사람으로는 고(故) 에드 클라우니Ed Clowney가 유명하다. 커버넌트신학교 총장 브라이언 채펠도 마찬가지다.[4] 사실 채펠은 그리스도 중심의 설교를 잘 가르치기로 소문난 교수다. 그는 학생들에게 성경을 읽을 때 인간의 타락과 그리스도의 구원 사역을 텍스트에서 발견하라고 주문한다.[5]

클라우니와 채펠의 말대로 기독교 설교는 그리스도가 중심이 돼야 한다. 내가 이를 믿는 이유는 나 자신이 신약 성경에서 배우는 학생이고 이것이 신약 성경의 가르침이라고 믿기 때문이다. 바울을 비롯한 여러 사람은 늘 그리스도를 중심으로 설교했다. 예수님은 베드로에게 자기를 사랑하는지 물으시고는 이렇게 답하셨다. "내 양을 먹이라…… 내 양을 치라…… 내 양을 먹이라"(요 21:15-17). 맥락에 의하면 이 세 문장은 세 가지 사실이 아니라 한 가지 사실을 세 가지로 표현한 것이다(동사 '먹이라'의 두 목적어는 '어린 양'과 '양'이고 두 동사 '먹이라'와 '치라'의 목적어는 '양'이다). 즉 여기서 '치라'는 말은 양들을 '먹이는' 목회를 뜻한다. 영혼의 음식과 영양소는 그리스도가 중재자와 구원자로서 사역하셨음을 선포하는 것에서 온다. 하나님의 양들을 '먹이는' 것은 '믿음'을 가꾸는 것이다. 그들은 그리스도의 구원 사역을 믿고 그분 안에서 안식해야 한다. 설교는 그 부분을 채운다.

이것은 칼뱅의 견해이기도 하다. 칼뱅은 말씀과 성례의 관계를 특별하게 여겼다.[6] 두 가지는 서로 상보적이다. "설교는 뭔가를 성스럽게 하려고 뜻 모를 소리를 믿음 없이 중얼대는 마법 주문이 아니다. 설교는 눈에 보이는 성례의 의미를 알게 해준다."[7] 그런데 설교가 그리스도를 충실히 전하지 않는다면 우리가 어떻게 세례나 성찬의 의미를 알겠는가? 칼뱅이 지은 《기독교강요》의 이 대목을 읽고 월리스Wallace가 말한 대로다. "성례를 행할 때 가장 중요한 것은 성례에 관한 말씀이겠지만 성례에 참여하는 이들이 먼저 말씀을 경청하고 난 후 말씀에 따라 성례를 행하는 것도 매우 중요하다. 그렇지 않으면 성례는 요식행위가 될 것이다."[8] 칼뱅은 구약 성경 전체가 그리스도를 예표(豫表)한다고 믿었다. 이스라엘을 조화로운 사회 형태나 우리가 겪는 시련의 전형으로 여기는 오늘날의 많은 목사님들(문화 전사?)과는 달리 칼뱅은 이스라엘을 그리스도의 형상으로 보았다. 월리스가 칼뱅의 견해를 요약한 대로 "이스라엘의 신실한 자들이 겪은 고난은 그리스도가 당하실 고난의 예고였다."[9] 물론 이것은 칼뱅 이전에 마르틴 루터의 견해였다. 루터교의 모든 설교는 기본적으로 율법과 복음 두 가지로 나눌 수 있다. 먼저 하나님이 사람에게 뭘 요구하시는지 말한다. 그러고 나서 그 요구를 지키지 못한 죄인을 위해 하나님이 그리스도를 통해 마련하신 구원을 전한다. 그러므로 루터교의 설교는 항상 죄인을 구원하시는 자비로우신 구원자 그리스도를 전한다.

그리스도 중심의 설교는 영혼을 먹이고 신앙을 세운다. 반성을 강조하는 설교로는 신앙이 자라지 않는다(내 안에 믿음이 '있는지' 점검하라고 끊임없이 지적하는 설교). 도덕을 강조하는 설교로는 신앙이 자라지 않는다(우리가 믿어야 할 그리스도 대신 '자아'를 강조하는 것과 정반대의 효과). 문화 전쟁을 일으키고 잘못된 문화를 마구잡이로 비판하는 것으로는 신앙이 자라지 않는다. 신앙을 자라게 하는 것은 그리스도의 위격과 성품, 사역을 주의 깊게 설명하는 설교다.

클레먼트 리드 본Clement Read Vaughan이 이름난 남장로교 신학자 로버트 루이스 대브니에게 보낸 편지에는 이런 사실이 구구절절 묘사돼 있다. 대브니는 남북전쟁 후 20년 가까이 살던 버지니아 주를 떠나 텍사스 주 오스틴에서 15년을 살았다. 그는 말년에 시력마저 잃고 몸이 약해지자 죽음이 머지않았음을 알았다. 그는 오랜 지기(知己) 본에게 보내는 편지에서 자기가 죽음을 받아들일 만큼 믿음이 강한지 자신이 없다고 고백하는데, 본은 신학의 날을 세우기도 하고 따듯이 감싸기도 하는 답장을 보냈다. 그는 대브니에게 벼랑에 걸린 다리를 건너는 여행자를 떠올려 보라고 다독였다.

> 그 다리가 건널 만한지 어떻게 알 수 있겠나? 다리를 두드려 보고 꼼꼼히 살피겠지. 다리 끝에 서서 자기가 다리를 확실히 믿는지 따져 보고 있을까? 다리를 보아하니 견고한 것 같은데도 믿음이 부족하다는 타령을 한다면 어떻게 해야 믿음을 키울 수 있겠나? 결국 계속 다리만 두드리고 있겠지. 이보게, 친구. 믿음 타령은 그만두고 자네가 뭘 믿고 있는지 생각해 보게. 주님의 능력, 그분의 사랑, 그분을 찾는 영혼을 그분이 얼마나 아끼시는지 떠올려 보게. 그분이 하신 일을 생각해 보게. 그분의 보혈은 지구상의 모든 죄인의 죄보다 강하지 않나. 자네의 죄도 씻을 수 있지 않을까?……
> 이보게, 친구. 나는 내가 자네 같은 처지가 됐을 때 자네가 나에게 말해 줬으면 하는 것을 자네에게 말하고 있네. 위대한 신학자도 결국 하나님의 여느 자녀일 뿐이고 신학자든

우유 짜는 아낙이든 농부든 의지할 것은 복음뿐이잖은가.
자네 믿음을 지나치게 생각하지 말고 믿음의 넓은 터, 즉
죄인의 피난처가 되시는 그리스도와 그분의 사역을 기억하길
바라네. 믿음이란 그분을 보는 것이네. 나는 자네의 고통이
줄어들고 매순간 복음의 기쁨을 누리길 기도하고 있어. 잘
지내게. 하나님은 늘 자네와 함께 계시네. 다리를 생각하게!

자네의 형제
C. R. V.[10]

오늘날 그리스도 중심의 설교에 반대하는 사람이 있다. 그런 설교는 방종을 낳는다고 우려하기 때문이다. 내 생각은 다르다. 나는 도덕을 강조하는 설교를 듣는 신자와 그리스도를 강조하는 설교를 듣는 신자의 차이를 직접 보았다. 도덕을 듣는 신자는 그리스도를 듣는 신자에 비해 약하고 활기가 없다. 이론적으로, 선행이 구원 신앙의 '필연적' 결과임을 부정할 사람은 없다. 나는 그렇게 말할 뿐 아니라 분명히 그렇게 믿는다.

그리스도를 믿는 믿음이 자라면 필연적으로 믿음에 합당

한 열매를 맺기 마련이다. 따라서 도덕을 설교하지 않으면 도덕관을 가질 수 없다는 식의 이율배반적인 이분법 따위는 필요 없다. 그것이 아니다. 그리스도를 설교하면 도덕관이 생긴다. 구원자를 믿는 믿음의 바람을 일으키면 그리스도인들은 영혼의 돛을 올릴 테고 그들은 거룩하신 주님을 믿어 그분의 열매가 나타나기를 사모할 것이다. 사랑스럽고 온전하신 그리스도를 그들의 마음과 상상력에 심어 주면 그분을 본받기를 사모할 것이다. 허약하고 변덕스런 그리스도인들의 마음에 영원히 살아 계셔서 그들을 위해 중재하시는 주님의 능력을 심어 주면 그리스도가 그들을 위로하고 섬기셨듯이 그들도 이웃을 위로하고 섬길 것이다.

잘못된 설교 네 가지

오늘날 흔히 들을 수 있는 설교의 몇 가지 예를 살펴보면 내가 말하는 기독론적 설교가 정확히 뭘 뜻하는지 알 수 있을 것이다. 기독론적 설교를 대체하는 설교가 오늘날 압도적인데도 이것을 옹호하는 이나 선전하는 이는 없다. 즉 도덕주의, 요령, 자기성찰, 사회 복음/문화 전쟁이다.[11]

도덕주의

프로테스탄트 자유주의는 19세기에서 20세기로 넘어가는 시기에 등장한 기독교 운동이다. 그들에게 기독교는 윤리 체계이고 그리스도는 도덕을 가르친 위대한 스승이다. 프로테스탄트 자유주의는 공공연히 기독교는 구원의 종교임을 부정했다. 그들은 하나님으로부터 단절된 인간, 예수님을 통해 인간과 화해하시는 하나님에 대한 믿음을 전하지 않았다. 도리어 도학군자가 되는 올바른 도를 전하는 윤리의 종교가 기독교라고 여겼다.[12]

역설적이게도 20세기 초 프로테스탄트 자유주의에 반대했던 정통 복음주의 그리스도인들이 오늘날 강단에서 그들의 주장을 대신하고 있다. 100년 전 프로테스탄트 자유주의 강단에서 전파되던 도덕주의가 정통 개혁주의 강단에서도 자주 전파되기 때문이다. 평신도뿐 아니라 목사들조차 이것을 인식하지 못하고 있는데, 원인을 찾자면 뉴스 방송에서 무분별하게 쓰는 용어인 '자유주의'와 '보수주의'를 그대로 배워서 쓰기 때문이다. 그들은 자유주의가 보수주의 윤리와 상반된 '하나'의 윤리라고 여긴다. 하지만 교회사에서 보면 자유주의는 기독교의 구원 체계를 믿지 않고 윤리 체계만 신봉한다. 전통

프로테스탄트 자유주의의 윤리 체계는 대개 정통이다. 그러므로 구원보다 도덕주의를 강조하는 설교는 프로테스탄트 자유주의 설교이다.

도덕주의를 전하는 설교의 핵심 메시지는 '좋은 사람이 돼라, 좋은 일을 하라'이다. 그리스도의 구원 사역을 부정하거나 간과하고 사람의 행실을 고치는 것을 목적으로 삼은 설교는 도덕주의 설교이다. 미국 강단에는 이런 도덕주의가 몹시 만연한 탓에 일상 대화에서 누가 행실을 고치라는 훈계라도 할라치면 '지금 나한테 설교하는 거야?'라는 대꾸가 날아든다. 사람들은 설교를 훈계나 꾸중으로 여길 뿐, 예수님을 믿어 하나님과 화해한 영혼을 구원하시는 그리스도의 위격과 사역을 선포하는 것으로 듣지 않는다.

루터의 일대기를 보면 그가 개종하기 전 성당에서 들었던 말은 '하라'와 '하지 말라'뿐이었다. 그는 하나님의 심판으로부터 죄인을 구원하는 중재자, 구원자가 있다는 말을 듣지 못했다. 아, 간혹 곁가지처럼 언급하는 것을 듣기는 했다. 하지만 되풀이해서 반복적으로 들었던 주된 내용은 '하라, 하지 말라'였다. 그런데 전형적인 복음주의 교회나 개혁주의 교회의 설교를 들어 보라. 루터가 그 설교를 듣는다면 무슨 생각을 할까? 그는 자기가 로마에 있는 줄로 여길 것이다. 아마도 설교 중에 그리스도를 몇 차례 언급은 할 것이다. 설교 끝에 '물론 그리스도가 주시는 하나님의 은혜 없이는 이것은 불가능합니다'라는 말을 의무적으로 덧붙일 것이다. 하지만 이것으로는 본질적으로 도덕주의에 물든 설교를 구원의 복음으로 살려 내지 못한다. 38분 동안 옳고 그른 행실의 차이를 외친 뒤 마지막 2분으로 설교를 살려 낼 수는 없는 법이다. 회중은 제 삶이 하나님의 뜻과 어긋나 있다는 사실에 짓눌려 마비된 듯 좌절할 뿐 아니라, 도덕주의 메시지에 싫증을 내고 마술사가 모자에서 토끼를 꺼내듯 마지막 순간에 도덕주의 설교의 블랙홀에서 그리스도를 꺼내어 제시해도 귀담아듣지 않는다.

요령을 가르치는 설교

요령을 가르치는 설교는 도덕주의 설교의 아류로 보아도 무방할 듯하다. 하지만 강조점의 차이 때문에 이 두 가지를 달리 보는 사람들이 있어서 나누어 보았다. 요령을 가르치는 설교와 도덕주의 설교의 분기점은 '무엇'이 아니라 '어떻게'이다. 요령을 가르치는 설교는 도덕주의 설교와 달리 '무엇'을 해야 하느냐보다 그걸 '어떻게' 할 수 있느냐를 더 오래 설명한다. 이것은 도덕주의보다 해로운 면이 있는데 인생과 종교를 요령 따위로 축소시키고, 요령만 제대로 익히면 죄인도 인생을 바꿀 수 있다고 말하기 때문이다(결코 명시적으로 말하지는 않는다. 늘 암시적이다).[13] 나는 요령을 가르치는 설교자에게 '표범이 제 몸의 점을 없애는 법'에 관해 설교해 보라고 말하고 싶다. 죄인이 제 인생을 바꿀 수 있다면 성경적으로 표범도 제 점을 없앨 수 있기 때문이다.

도덕주의가 그렇듯 요령을 가르치는 설교는 회중이 구원자 그리스도의 위격과 사역을 생각할 여지를 주지 않는다. 그런 설교에서는 스스로를 죄에서 구원할 수 없다는 것과 그리스도는 구원의 능력이 있다는 메시지를 들을 수 없다. 요령을 가르치는 설교에 의하면 사람의 행위는 다스릴 수 없는 의지의 문제도, 전적 타락의 문제도, 창조주 하나님의 주권에 대한 반역의 문제도 아니다. 단지 요령의 문제일 뿐이다. 이것은 펠라기우스주의보다 더 나쁘다. 사람의 의지가 도덕적으로 자유롭다는 것을 '증명'할 생각도 없이 처음부터 이 이단을 등에 업고 가기 때문이다.

4장 그리스도 중심의 설교를 하라

자기성찰

몇몇 신(新)청교도는 신자가 신자가 아님을 설득하는 것을 설교의 목적과 핵심으로 삼고 있는 듯하다. 그들이 전하는 설교에 부제를 붙이자면 '그대는 그대가 그리스도인인 줄 알고 있지만 그대는 그리스도인이 아니다'가 될 것이다. 이런 설교는 교회 가길 싫어하고 성경을 띄엄띄엄 읽고 가정예배나 기도를 빠트리는 사람은 신자가 아니라고 끊임없이 주입한다. 믿음을 전할 시간에 믿음의 존재를 부정하고 있으니 외부인의 눈에는 이상하게 비칠 풍경이다. 하지만 내부인에게는 이것이 익숙한 일이므로 전혀 이상하지 않다.

회중은 두 부류로 나뉜다. 한 부류는 설교자가 다른 사람 이야기를 한다고 여기고 '다른 사람'이 뭇매를 맞는 것을 즐긴다(바리새인이 세리를 대하는 태도). 또 한 부류는 결국 백기를 들고 인정한다. '그래, 나는 신자가 아니야. 그렇다면 그런 게지. 나는 지옥에 떨어질 사악한 인간이라고.' 하지만 이런 설교에는 그리스도가 겨우 곁가지에 지나지 않고 그리스도가 구원자임을 말하지 않기 때문에 그의 믿음을 자라게 할 것이 아무것도 없다. 따라서 비신자들은 신자가 될 기회를 잃고 여러 신자들은 그리스도의 믿음이 주는 위로를 빼앗기며 스스로 신자가 아니라고 여긴다. 이런 설교는 웨스트민스터 소요리문답 제89문의 답 즉 "믿음으로 말미암아 거룩함과 위로를 더하사 구원에 이르게 하신다"라는 목적을 이루지 못한다.

우리 부부는 2년 동안 이런 설교에 시달렸다. '시달렸다'는 전혀 과장이 아니다. '주여 주여 하는 자마다 하늘나라에 다 들어가는 것은 아니라'라는 경고의 말씀은 분명히 있지만 모든 성경 본문이 그런 내용으로 둔갑하는 것을 듣는 일은 고역이었다. 약하고 불완전한 믿음일지라도 믿음은 믿음인데 믿음이 없다는 소리를 계속 들으면 정말로 그런 생각이 들게 된다. 신자는 이런 설교에서 배울 것이 없다. 이런 설교는 신자에게 이롭지 못하고 정작 이런 설교를 들어야 할 사람에게도 효과가 없다. 독선적인 사람은 늘 설교자가 다른 사람 이야기를 한다고 여기기 때문이다.

그러므로 이런 설교를 유익하게 들을 사람은 아무도 없다. 사실 두 부류 모두 해를 입는다. 하지만 이런 설교가 당장 사라지지는 않을 듯하다. 독선적인 사람은 이런 설교를 몹시 좋아한다. 그들은 설교자가 매주 나쁜 사람들을 꾸짖는 소리가 반갑다. 자신들은 착한 사람이고 나머지는 나쁜 사람들이다. 그들은 스스로를 대견하게 여긴다. 안타깝게도 몇몇 설교자는 참견하는 버릇이 심하다. 사람을 꾸짖는 일은 그들의 평생 사명이다. 그런 사람들은 태생적으로 극성스런 데가 있다.

사회 복음/이른바 문화 전쟁[14]

진정한 설교를 대체하고 있는 네 번째 설교는 20세기 초의 '사회 복음', 오늘날의 '문화 전쟁'이다. 이 두 경우 설교는 우리 문화에서 잘못된 점이 무엇이고 개인으로나 (더 나쁘게는) 정부의 강제력으로 개선할 점은 무엇인지 설명하는 데 전념한다. 다시 말하지만 기독교의 사회문화적이고 사회심리학적인 기능을 바리새인(스스로 의인이라고 여기고 다른 사람은 경멸하는 사람)처럼 오용하는 사람이 많기 때문에 이런 설교는 늘 따듯한 환영을 받는다. 사람들은 흔히 착한 사람과 나쁜 사람으로 양분된, 자신이 만든 상상의 세계에 머무는 것을 좋아하고 착한 사람이라는 말을 듣기를 좋아한다. 사실 몇몇은 마니교 세계관에 심취해 있는 바람에 흑백논리를 떠나서는 심리학적으로 불구나 다름없다. 그런데 그들에게 순응하는 설교자가 많다.

창세기 3장 이후 모든 문화의 문제는 아담 안에서 우리가 너나없이(몇몇이 아니다) 하나님에게 반역했고 우리 각자는(몇몇

이 아니다) 하나님의 뜻보다 내 뜻을 앞세운다는 것이다. 더 심각한 문제는 우리가 스스로 변할 능력이 없다는 것이다. 정부는 우리를 변화시키지도 반역에서 우리를 구원하지도 못한다. 교육은 우리의 어두운 정신을 계몽하지 못한다. 교회조차도 하나님의 방법보다 내 방법이 낫다고 여기는 우리의 어두운 생각을 바꾸지 못한다. 그리고 강압적인 정부라도 영혼을 치유할 능력은 없다. 우리를 반역에서 구원할 수 있는 것은 마지막 아담이신 예수님의 온전한 순종과 희생과 하나님 우편에서 행하시는 중재밖에 없다. 그러므로 문화 전사는 이것 한 가지는 받아들일 수 없다. 성경의 모든 가르침을 관통하는 기본 내용 즉 우리 스스로 문화를 바꿀 수 없다는 사실이다.

문화 전사는 문화를 구성하는 각 개인이 이기심을 버리고 하나님에게 맞서는 스스로에게 맞설 때 의미 있는 변화의 바람이 분다는 사실을 인정하지 않는다. 설상가상으로 문화 전사는 강압적인 행동 변화를 바람직하게 여긴다. 즉 죄를 불법화해야 개인과 문화가 더 발전한다는 것이다(그러나 우리는 편법에 더 능숙해지고 법망을 교묘하게 피하며 기만의 죄만 더할 뿐이다). 문화 전사는 사람의 행동에 영향을 끼치는 두 가지 합법적인 방법 즉 이성적인 대화와 솔선수범의 힘에 만족하지 않는다.

솔선수범의 힘은 희생이 너무 크고 너무 느리다. 더욱이 우리는 비신자들이 곁에서 얼쩡거리는 것을 싫어한다. 그리고 오늘날 이성적인 대화를 할 수 있는 사람은 그리 많지 않다. 이 행동이 저 행동보다 더 지혜로운 까닭을 설득력 있게 설명할 수 있는 사람을 쉽게 찾아볼 수 없다. 그래서 우리는 정부의 강제력을 동원한다. 겉으로나마 하나님의 율법을 지키게 하는 것이다.

이런 관점은 성경의 모든 가르침을 정면에서 들이받는다. 이런 관점이 우세한 것은 잘못된 애국심 탓에 분별력을 잃었기 때문이다. 우리는 모두 맹점이 있다. 그건 나도 마찬가지다. 문화 전사의 독특한 맹점은 하나님은 강압적인 행동을 기뻐하신다고 여기는 자세다. 하나님을 믿지 않는데도 '하나님으로 우리는 하나'라는 맹세를 하게 만든다(이것은 주님의 이름을 함부로 일컫는 것이다). 문화 전사의 종교와 애국심은 서로 충돌한다. 그가 믿는 기독교는 하나님은 진실하지 못한 신앙을 겉으로만 고백하는 것을 달갑게 여기지 않으신다고 가르치는데, 그가 품은 애국심은 그가 받아들일 수 없는 방향으로 문화가 흐르고 있다는 사실을 인정할 수 없다. 그는 조국에 긍지를 갖고 싶다. 그래서 강제력을 발동해서라도 기독교다운 면모를 지닌 국가를 만드는 것이 기독교답지 못한 국가가 되는 것보다 더 낫다는(내 판단으로는 잘못된) 결론을 내린다.

문화 전사들이 바라는 신정 국가는 이미 역사적으로 실패한 실험이 아닌가? 고대 이스라엘은 하나님의 계시된 율법에 순종할 것을 헌법으로 정한 나라가 아니었던가? 이스라엘 행정부는 강제력으로 순종을 요구하지 않았던가? 이스라엘 법원은 십계명에 따라 재판하지 않았던가? 그런데도 이스라엘을 칭찬했던 선지자가 하나라도 있었던가? 예수님과 선지자들처럼 기탄없이 말하면 이스라엘이 살려 둔 사람이 있었나? 하나님이 직접 세우신 이스라엘에서조차 신정 국가는 실패했는데 왜 사람들은 하나님이 세우지도 않으신 나라에서 한사코 신정 국가가 성공할 수 있다고 믿는 것일까?

유사 설교는 영양실조를 부른다

기독교의 참된 설교를 대체하는 거짓 유사 설교들은 영혼을 조금도 성장시키지 못한다. 부분적인 정보나 가르침은 전할 수 있을지 몰라도 '믿음'을 자라게 하지는 못한다. 그것으로는 '믿음'이 살찌지 않는다. 우리는 그리스도를 먹는다. 실제로 그분의 몸을 먹는다는 뜻이 아니라 그리스도를 믿는 신앙을 통해 말씀과 성례로 그분을 먹는다.[15] 복음주의와 개혁주의 교회 대다수는 이 네 가지 유사 설교 탓에 영양실조에 걸렸다. 그리스도인들은 뭘 해야 하는지는 알아도 활기가 없다. 그리스도와 함께, 그리고 그리스도를 위해 살아갈 이상도 의욕도 동기도 없다. 그리스도인들이 활력을 잃은 까닭은 설교자들이 그리스도를 전하지 않기 때문이다. 기껏 말해 봤자 설교의 곁가지나 결말에 지나지 않는다. 그리스도를 매주 설교의 주제로 삼지 않는 교회가 너무나 많다.

나는 석 달 동안 방사선 치료와 항암 치료를 받으면서 영양실조에 걸렸다(아직 두 차례 수술과 7개월의 항암 치료를 더 받아야 한다). 원래 체구도 작은데 벌써 13킬로그램이 줄었다. 방사선 치료와 항암 치료를 여러 날 동시에 받자 몸이 극도로 피곤해졌다. 안락의자에 누워 낮잠을 잔 후 상체를 들 힘이 없어서 아내에게 의자(와 나)를 밀어 달라고 자주 부탁해야 할 정도였다. 항암 치료를 받는 동안에는 좋은 교수가 될 수도 없었다. 평일 오전 내내 병원으로 방사선 치료를 받으러 가는 바람에 오전 수업은 전부 취소시켰다. 피로나 통증이 너무 심해 한 시간도 수업을 하지 못할 경우에는 오후 수업도 휴강으로 일관했다. 어떻게 하면 좋은 교수가 될 수 있었을까? 더 열

심히 노력하면 될까? 교수법 관련 책을 읽으면 될까? 내가 정말 교수인지 반성하면 될까? 우리 사회의 교육 제도를 혹평하는 소리를 들으면 될까? 아니다. 내게 필요했던 것은 '영양분'이었다. 오장육부가 음식을 소화해서 필요한 영양소를 몸으로 보내기 전까지 나는 좋은 교수가 될 수 없었다. 나는 영양실조에 걸린 내 몸을 보면서 그리스도는 자기를 통해 하나님에게 나아가는 자를 온전히 구원하실 수 있다는 것만 빼고 닥치는 대로 설교하는 복음주의와 개혁주의 교회의 영적 영양실조를 떠올렸다.

설교는 회복될 수 있다

내가 갑자기 생각을 바꾼 것일까? 아니다. 나는 잘못된 설교를 변호하지 않을 것이다. 하지만 연민을 느낄 때가 있음은 부정하지 않겠다('요령'을 가르치는 이설은 예외다). 교회에 도덕을 가르칠 자리는 있다. 나는 목회할 당시 아홉 달 동안 성인들에게 웨스트민스터 대요리문답으로 십계명을 가르쳤다. 그리스도를 진심으로 믿고 있는지 안일한 신앙에 빠져 있는 것은 아닌지 점검할 수 있는 자리는 심방과 목회 상담이다. 그리고 신앙으로 문화를 분석할 자리도 있다. 나는 때로 이런 주제로 주말 모임을 열어서 미국 문화를 성경의 가치로 평가하는 자리를 마련한다.

하지만 강단은 결코 이런 것들을 위한 자리가 아니다. 강단은 그리스도의 죽음과 부활, 구원을 외치는 자리다. 만일 그 외침으로 도덕관이 강해지고 자기만족적인 신앙에서 깨어나며 문화 사역에 욕심이 생긴다면 그것으로 족하다. 하지만 이것은 그리스도 중심의 설교에 부차적으로 덧붙는 것이다. 대브니의 논리는 반박할 수 없다. 설교에서 부각되는 것과 우리가 중요하게 여기는 것은 서로 일치한다. 설교에는 "중요하므로 부각되는 것"이 있다.[16] 나는 루터, 칼뱅, 대브니 그리고 그들을 잇는 우리 세대의 설교자들의 주장에 내 목소리를 보탠다. 기독교 설교에서 그리스도의 위격, 성품, 사역보다 더 중요한 것은 없다. 만일 설교에서 도덕주의, 문화 변혁, 내면의 반성이 부각된다면 회중은 그것을 더 중요하게 여길 것이다.

초대 교회에서 사도들이 성도를 가르쳤다는 사실을 떠올려 보면 오늘날 여러 교회가 가르치는 일을 평신도에게 넘기는 행태는 이율배반이나 다름없다. 목사님들은 교회 교육 프로그램을 맡아 성도들에게 뭣 하나 가르치는 법이 없다. 그래서 그들은 강단에서 성도를 가르친다. 몇몇 목사님들이 네 가지 유사 설교의 덫에 걸리는 까닭이 여기에 있다. 나는 9년 동안 목회를 하면서 주일 아침과 화요일 저녁에 성도들을 가르쳤다. 그래서 강단에서 교리를 자세히 가르칠 필요가 없었다. 나는 설교가 마땅히 전해야 할 것, 즉 못 박힌 그리스도를 선포했다.

설교를 성경적으로, 사도적으로(그리고 개혁적으로) 회복시키고자 한다면 그리스도 중심의 강해 설교를 꾸준히 하겠다는 각오를 다지고 필요한 감성을 길러야 한다. 설교자는 강단에서 온갖 소리를 늘어놓는 버릇을 버리고, 사랑하고 기뻐하는 성자를 통해, 길을 잃고 절망에 허덕이는 죄인들과 화해하신 하나님을 전해야 한다.

하지만 텍스트를 꼼꼼히 읽는 능력을 기르지 않으면(그리스도를 전하는 방법을 우리에게 가르쳐 주는 것은 바로 신약 성경이다) 그리스도 중심의 설교를 회복할 수 없다. 그리고 가치 있는 것을 찾아내는 감식안을 기르지 않으면 이런 변화는 일어나지 않는다. 중요한 것과 하찮은 것을 분별하는 재주가 있는 설교자는 예수님이 성취하신 일이 역사상 가장 중요한 것임을 깨닫는다. 아무것도 그리스도를 설교의 중심에서 밀어낼 수 없다.

설교는 회복될 수 있다. 설교자는 여전히 하나님의 형상이다. 하나님이 주신 잠재력을 부지런히 연마한다면 유능한 설교자가 될 수 있다. 우리 문화가 그런 감성을 길러 주지 못하더라도 상관없다. 그가 소명을 사랑하고 성도를 사랑하고 무엇보다 죄인을 구원하시는 그리스도를 사랑한다면 그는 잠재된 감성을 일깨워 함양할 것이고 활기 넘치는 강단 문화를 회복할 것이다. 이것이 이 책의 모든 문장에 깃든 내 소원과 기도다.

5장

설교자의 세 가지 감성

내가 여태껏 상황을 비관하고 있다는 인상을 남겼다면 내 불찰이다. 상황은 절망스럽지 않다. 교회사의 부침은 무심하게 반복되는 듯하지만 이는 물리·역사 법칙과는 무관하다. 봉우리가 높은 까닭은 골이 깊기 때문이다. 교회는 골짜기로 떨어졌을 때 정직하게 스스로를 비판했기에 정상에 이를 수 있었다. 교회와 리더들은 정직하게 자기비판을 받았고, 심각한 문제가 드러났을 때 하나님께 도움을 청하며 잘못을 고쳤다.

인간의 감성은 일반적인 문화 활동이나 의식적인 노력으로 계발할 수 있다. 사역을 준비하고 있는 사람(이나 이미 사역을 하고 있는 사람)이 40년 전에 살았던 사람들에 비해 자기가 얼마나 부족한지 알았더라면 우리의 문화가 망가뜨리고 있는 감성을 스스로 계발했을 것이다. 하지만 해답은 설교학에 관한 책을 많이 읽는 것도 아니고, 신학교에서 설교학 수업을 더 많이 수강하는 것도 아니다.

설교학을 배우기 전에 설교를 잘하는 데 필요한 감성부터 길러야 한다. 예를 들어 진실한 품성을 지녔지만 글을 배우지 못한 그리스도인이 나를 찾아와 설교자가 되고 싶다고 한다면 나는 그에게 신학교 입학을 권하지 않을 것이다. 우선 글을 깨치라고 할 것이다. 성경을 읽을 수 없는데 어떻게 설교할 수 있을까? 마찬가지로 텍스트를 꼼꼼히 읽는 정독은 훑어 읽는 통독이나 필요한 부분만 골라 읽는 것과는 다르다. 정독을 할 수 없다는 점에서 오늘날 문맹이 아주 많으므로 그들은 하나님의 감동으로 기록된 고대 텍스트 강해법을 배우기 전에 텍스트 정독법부터 배워야 한다.

마찬가지다. 말할 수 있는 이는 많지만 사려 깊고 짜임새 있는 말을 하는 이는 드물다. 그런 사람은 고대에 계시된 텍스트를 가지고 깊고 짜임새 있는 설교를 하기 전에 먼저 이런 일반적인 능력부터 계발해야 한다. 사람에게는 여전히 눈과 귀가 있지만 가치 있는 것을 식별할 줄 아는 눈과 귀는 오래 전에 자취를 감춘 듯하다.[1] 아래에 몇 가지 제안을 보탠다. 이것을 실행하면 자연스레 더 나은 설교자가 될 것이다.

인사 고과가 필요하다

매도 먼저 맞는 편이 낫다고 했으니 가장 어려운 것부터 말해 보자. 그러고 나면 나머지는 비교적 수월할 것이다. 인사 고과를 받지 않는 목사님들은 자기 설교가 얼마나 형편없는지 알 길이 없다. 그들은 주일 아침 예배당에 차는 사람들을 보며 억측한다. '사람들이 이렇게 모이는 걸 보니 내가 설교를 잘하는 게 틀림없어.' 이해할 수는 있어도 동의할 수는 없다. 나도 그렇지만 한 주의 첫날에 하나님 예배하는 일을 의무로 여기는 사람은 많다. 우리는 설교자가 순항하든 난파하든 매주 주일 (특별한 사정이 없는 한) 교회를 찾는다. 교회를 정할 때는 몇 가지 기준이 있다. 거리, 교단, 목사님의 자질과 성품, 지도자들과 교우들의 평판 그리고 무엇보다 이웃에 있는 교회들을 살펴본다. 때로는 이사 간 곳에서 자동차로 한 시간 이상 달려야 마음에 드는 교회에 갈 수 있는 경우도 있다. 설교가 좋아서 교회에 가는 것은 아니다. 우리는 설교가 싫어도 교회에 간다.

그러므로 스스로 설교를 잘한다고 판단하는 것으로는 부족하다. 평가를 받아야 한다. 1장에서 살펴보았던 로버트 루이스 대브니의 대여섯 가지 기본 요소를 이용해 설문 조사를 하는 것도 좋다. 평가 방법은 대체로 수월하다. 통일성은 화요일이나 수요일쯤 전화를 돌려서 평가할 수 있다. 설교의 주제를 물어보라(목사님이 전화할 거라 예상하는 사람은 제외하는 것이 좋다). 며칠 후 여러 교우들이 설교의 주제를 떠올리지 못하거나 엉뚱한 답을 한다면 명백히 그 설교에는 통일성이 없다. 설교학 책을 참고하면 비슷한 평가 방법들을 찾을 수 있다.

이것이 몹시 부담스럽다면 평가 항목을 조금 일반화하자. 설교, 상담, 심방, 교육, 행정 등 목사의 주요 사역을 항목별로 제시해 가장 잘한다고 생각하는 것부터 순서를 정하게 하는 것이다. 목사라면 너나없이 설교가 1위가 되기를 바라겠지만 그런 사람은 많지 않을 것이다. 아니면 여남은 교우를 택하여 목사의 장점을 작성해서 제출해 달라고 하는 것도 좋다. 교회는 그것을 바탕으로 목사의 사역을 평가할 수 있을 것이다.

해마다 교단에서 소속 교회 목사의 설교 한두 편을 모아서 평가하는 것도 한 가지 방법이다(평가단에 맡길 때는 번호 등으로 이름을 대체해야 신분을 보호할 수 있다). 즉 설교자의 능력을 평가할 수 있는 길은 어렵지 않게 찾을 수 있다. 정작 어려움은 설교가 형편없다고 평가받을까 두려워하는 목사들에게 있다. 심장에 통증을 느끼는 중년 가장이 결과가 무서워 의사를 찾지 못하는 것처럼 목사도 회중에게 무익한 설교를 한다는 것을 알게 될까 무서워 평가를 피하는 것이다. 인사 고과를 받는 것이 윤리적인 의무는 아니지만 현 상황에서 설교의 현주소를 알 수 있는 길은 이것밖에 없다.

텍스트를 정독하자

앞서 말했듯이 상황은 절망스럽지 않다. 사람의 감성은 계발될 수 있다. 계발을 늦추지 않는다면 지금은 아니더라도 한두 해 뒤에는 감성이 꽃필 것이다. 1940년 찰스 그로브너 오스구드Charles Grosvenor Osgood의 프린스턴신학교 스톤 강좌의 이면에도 이런 희망이 있었다. 이 강의는 후에 《은혜의 도구, 시 Poetry as a Means of Grace》라는 책으로 출간되었다.[2] 오스구드는 신학적인 의미에서 시가 은혜의 도구라고 주장하지 않았다. 그는 신학생들에게 성직자가 되기 전에 해야 할 것이 뭔지 강의하면서 설교를 잘하기 위해서는 시를 읽고 감성을 길러야 한다고 말한 것이다.

이 강의를 온전히 음미하려면 배경 지식이 필요하다. 당시는 상업 TV가 번창하기 10년 '전'이었다. 문화의 지배적 매체가 책에서 TV로 바뀌기 전부터 오스구드는 더 나은 설교자가 되려면 시를 읽음으로 텍스트를 정독하는 습관을 들여야 함을 알았던 것이다. 그가 오늘날까지 생존했더라면 뭐라고 했을까? 사람의 감성은 계발될 수 있고, 문화의 지배적 활동에 의해 퇴화되더라도 변화를 꾀하는 개인의 노력에 의해 감성은 활짝 꽃필 수 있다고 힘주어 말할 것이다.

상황은 분명히 나아질 것이다. 그것도 급격히 나아질 것이다. 이를 위해서는 두 가지를 알아야 한다. 첫째는 현 상황이 악화 일로에 있다는 것. 둘째는 상황을 바꾸려면 감성을 계발해야 한다는 것. 이 두 가지를 알면 우리에게 희망이 깃든다.

목사 후보생은 신학교 입학 전(혹은 입학 후나 졸업 후)에 탁월한 설교 능력에 필요한 감성을 함양할 수 있고 계발해야 한다. 어쩌면 고(故) 제임스 몽고메리 보이스James Montgomery Boice를 본받는 것이 이 목표를 곧장 이룰 수 있는 길이 될 듯하다. 보이스가 스토니브룩을 졸업하자 프랭크 개이블린Frank Gaebelein은 그에게 하버드로 가서 영문학을 공부하도록 권했다. 제임스 보이스가 20세기 후반 가장 탁월하고 능숙한 강해 설교자가 된 데는 이유가 있었다. 신학교 입학 전에 텍스트를 정독하는 능력을 함양했던 것이다. 그는 그리스어, 히브리어, 설교학, 조직신학을 공부하기 오래전에 텍스트를 꼼꼼히 뜯어볼 줄 아는 사람이었다. 보이스의 후계자 필립 라이큰[Philip G. Ryken] 박사의 탁월함에도 깜짝 놀라며 흥분하는 사람들이 있는데 나는 그것이 그리 놀랄 일이 아니라고 말한다. 라이큰의 아버지는 오랫동안 휘튼 대학교 영문학과장을 지냈다. 필립 라이큰은 텍스트를 소홀히 대하지 않는 가정 환경에서 자랐으며 일생 동안 훌륭한 강해 설교자의 자질을 함양한 덕분에 탁월한 설교자가 될 수 있었던 것이다.

나는 지금도 (내가 가르치는) 그로브시티 대학교 종교학과 입학생들에게 신학교에 진학해 목사가 될 뜻이 있다면 종교학 대신 영문학을 전공하라고 한다. 물론 내 말을 귀담아 듣는 학생은 없다. 학생들은 내 말에 어리둥절한 표정을 짓고 동료 교수들은 대경실색한다. 하지만 늘 실패해도 포기하지 않을 것이다. 헛된 노력에 지나지 않더라도 한두 학생은 영문학을 부전공으로 택할 날을 기대하며 계속 지도할 작정이다.[3]

그런데 영문학을 꼭 정식으로 공부할 필요는 없다. 시를 감상하는 법에 관한 책과 시 이론과 비평 이론에 관한 고전(스펜서와 셜리의 책이나 C. S. 루이스의 수작 《문학비평에서의 실험》 등)이나 수필을 통해 시를 읽는 법을 배워서 직접 읽으면 된다.[4] 나는 2차 세계대전 이후의 시를 많이 읽는 것은 대체로 권하지 않는다. 난해함이 극치에 이르고 인습타파 경향이 지나치게 나타나기 때문이다. 이런 시는 자세히 읽어야 하는데, 정독에 능한 독자도 이해하기가 쉽지 않고 그 이전 시에 비해 정독의 보람도 크지 않다.

목사가 써야 할 글은 많다

목사가 되려는 사람은 기회가 닿을 때마다 손수 편지를 써야 한다(나는 지난주에 우리 차를 고쳐 준 정비사에게 어제 편지를 썼다). 편지를 손수 쓰면 글을 구성하는 법을 배운다. 즉 글을 쓰기 전에 할 말을 찾고 어떻게 말할지 생각하는 것이다. '삭제' 기능은 없고 불분명한 표현을 돕는 이모티콘도 없다. 수신인이 한 번 읽고 이해할 수 있도록 하고 싶은 말을 명확하게 전달해야 한다.

이미 목사가 된 사람은 평소 성도들을 위해 기도할 때 편지를 준비해 두는 것이 좋다. 기도를 하다 보면 짧게나마 편지를 쓰고 싶을 때가 왕왕 생긴다. 편지를 받는 성도는 격려를 받아서 좋고 편지를 쓰는 목사는 생각을 구성하는 훈련이 돼 좋다. 이런 훈련을 하면 설교 실력이 늘 수밖에 없다.

목사가 써야 할 글은 편지 외에도 많다. 신학과 종교, 교단 관련 정기 간행물 기사, 잡지나 신문 사설, 일기 등. 글이 채택되고 말고는 문제가 아니다. 글을 짓는 감성과 능력을 계발하는 일이 중요하다. 예를 들면 이 책을 읽는 여러 독자는 1813년부터 프린스턴 신학교에서 가르친 새뮤얼 밀러Samuel Miller가 목사들에게 글로 기도할 것을 권했다는 것을 알면 놀랄 것이다. 밀러는 《공중기도란 무엇인가Thoughts on Public Prayer》에서 글로 기도하는 훈련을 쌓으면 공중기도가 확연히 달라진다고 주장했다. 백 번 옳은 말이다. 밀러는 자기 세대에 대한 판단도 옳았다(19세기 중반). 전자 미디어가 출현하기 50년 전에 글쓰기가 목회자의 자질에 영향을 끼쳤다면 토드 기틀린의 말대로 "소리와 이미지의 급류"에 압도된 오늘날의 문화에서는 얼마나 더 큰 영향을 끼치겠는가?

일반적인 스피치 교육을 받는 것도 유익하다. 성경 텍스트를 사용하는 설교에는 복잡한 요소들이 많다. 성령의 '인도하심'을 받아 텍스트를 통찰하고 설교를 구성하고 적용점을 찾는 일이 명확하지 않기 때문이다. 사람은 모방하는 능력이 뛰어나므로 무심코 다른 목사들에게 배우기도 한다. 하지만 일반 분야에서는 이런 복잡한 요소들이 없다. 좋고 나쁜 구성의 예, 명확함과 모호함, 구체적 표현과 막연한 표현 등의 차이를 정확히 배울 수 있다.

로타리클럽에 가입하는 것도 해봄직하다. 내가 아는 목사님들도 여럿 로타리클럽에서 오랫동안 활동하고 있다. 그들은 여러 강사의 연설을 들으면서 배우는 것이 많다고 한다. 로타리 회원은 연설 개요를 성령이 '말씀해 주셨다'며 결코 스스로를 속이지 않으니 대중 연설가로서 장점이 더 많다. 그들은 연설을 준비할 때 글을 명징하게 구성하기 때문에 목사들보다 늘 더 나은 선택을 한다.

몇몇 설교자들은 설교 파트너의 도움을 받아 설교의 완성도를 높인다. 두 사람이 매월 한두 차례 모임을 열어 스스로의 설교를 평가한다. 내 설교를 다른 사람의 관점에서 평가해 보는 것은 매우 유익하고 글쓰기 감성을 계발하는 데도 무척 이롭다. 같은 내용을 다양하게 구성하는 방법에 관해 토론을 하면 짜임새 있는 설교의 완성도를 높일 수 있다.

설교자의 세 가지 감성

설교학을 배우기 전에 감성을 계발하는 길은 이 외에도 다양하지만 이 책은 기초적인 사실을 소개하는 것이 목적이다.[5] 하지만 사람의 감성은 계발될 수 있다는 점은 다시 강조하고 싶다. 요하네스 브람스가 누군지 모르는 사람일지라도 몇 달 혹은 몇 년이면 고전주의적 형식미와 절제미를 감상하는 능력을 계발할 수 있다. 셰익스피어의 소네트를 읽을 수 없는 사람일지라도 몇 달 혹은 몇 년이면 그의 글맛을 음미하는 독서를 즐길 수 있다.[6] 하나님의 말씀을 탁월하게 설교하려면 최소한 세 가지 감성은 계발해 놓아야 한다. 즉 텍스트를 정독하는 것, 짜임새 있게 소통하는 것, 가치 있는 것을 식별하는 것이다. 성대가 없으면 말을 못하고 글을 모르면 책을 못 읽듯이 이것 없이는 설교할 수 없다. 하지만 현대 문화는 이런 감성을 전혀 계발해 주지 않으니 설교를 되살리려는 신학생들이나 목사들은 스스로 이런 감성을 함양해야 한다.

나는 주로 목사와 신학생을 위해 이 책을 썼지만 성도들에게도 책임은 있다. 목회와 행정에 치이고 날마다 심방하고 모임을 인도하는 일에 바쁜 목사님은 읽고 쓰고 성찰할 시간이 부족하다. 요컨대 탁월한 설교에 필수적인 감성이 사장돼 있다는 말이다.

고든콘웰 신학교의 케니스 스웨틀랜드Kenneth Swetland 박사는 학생들에게 교회의 청빙을 받을 경우 이렇게 하라고 조언한다. 심사 과정 후반에 시간을 내어 칠판이나 화이트보드가 있는 방에서 위원회를 만나 목사에게 기대하는 것이 뭔지 묻는다. 그들이 말하는 여러 가지 역할을 쭉 적은 뒤 준비 시간을 포함해 각 활동에 필요한 시간이 얼마나 될지 묻는다. 그들은 대개 그제야 목사가 한 주에 약 75시간을 일해야 한다는 것을 깨닫는다. 어디 그뿐인가. 목사는 가정도 화목하게 지켜야 한다! 목사에게 과중한 업무를 계속 요구한다면 교회는 그에게 탁월한 설교를 기대할 수 없다. 설교를 잘하는 일은 설교를 준비하는 것 이상으로 해야 할 일이 있다. 즉 설교에 필수적인 감성을 갖춘 '사람'이 돼야 한다. 책을 넓게 읽고 깊이 읽을 시간, 생을 성찰할 시간, (일기나마) 쓸 시간이 부족한 목사는 설교를 잘할 수 없다.

우리 목사들은 여전히 하나님의 형상으로 심히 기묘하게 지어진 존재다. 목사들은 누구라도 유능한 설교자가 되는 데 필요한 감성을 함양할 수 있다. 우리 문화는 그런 감성을 길러 주지 않는다. 목사들은 의식적으로 문화를 거슬러 스스로 감성을 계발해야 한다. 다만 몇 사람이라도 스스로 책임을 지고 탁월한 설교자가 되는 데 필요한 감성을 계발하고 함양해 가길 기도한다.

| 주

머리말

1. 내가 주류 장로교회(PCUSA)에서 느낀 것과 장로교회보다 보수적인 개혁교회(OPC와 PCA)에서 느낀 것은 조금 다르다. 주류 장로교회의 설교는 보수적인 개혁교회보다 설교 솜씨가 낫지만 내용은 기독교적으로 정통이랄 수 없다. 개혁교회의 설교에는 (늘 분간할 수 없는데 분간할 수 있다면) 기독교의 역사가 나타나는데 설교 솜씨가 부족하다. 그래서 미국 장로교인은 잘 준비된 설교인데 딱히 기독교적이랄 수 없는 설교나 기독교적인 설교인데 알아들을 수 없는 설교 중 하나를 듣는다. 모두 내가 듣고 싶지 않은 설교다. 게다가 딱히 중요한 내용도 없다. 우리 문화의 무의미한 종교가 옛사람의 의미 있는 종교를 질식시켜 버린 셈이다.
2. Rudolf Flesch, *Why Johnny Can't Read: And What You Can Do about It* (New York: Harper, 1966); Myra J. Linden and Arthur Whimbey, *Why Johnny Can't Write: How to Improve Writing Skills* (Hillsdale, NJ: Lawrence Erlbaum Associates, 1990). 내 책 제목에 있는 '우리 목사님'(Johnny)은 두 책 제목에 있는 '그 양반'(Johnny)을 의미한다. 이 단어는 총칭이므로 남녀를 포함한다. 여성도 우리 문화의 영향력에서 벗어날 수 없다.

1장 달라진 신학생들

1. 나만 그렇게 생각하는 것은 아니다. 고든콘웰 대학의 한 교수 회의에서 안수받은 목사의 절반이 은퇴 전에 그만둔다는 연구 결과를 누가 발표했는데 대다수가 숨이 넘어가는 소리를 냈지만 절친한 동료 더그 스튜어트Doug Stuart는 이렇게 말했다. "생각보다 적군. 설교할 수 있는 목사는 다섯 중에 하나밖에 없거든."

2. *The Autobiography of Benjamin Franklin*, ed. Leonard W. Labaree et al. (New Haven: Yale University Press, 1964), 147-48. 프랭클린이 기독교의 여러 교리, 특히 칼뱅주의/장로교 교리에 반대한다고 해서 그의 말을 종교적 편견으로 여겨서는 안 된다(같은 책, 146). 프랭클린은 조지 휘트필드의 설교를 높이 평가했고 그의 (칼뱅주의/장로교) 설교를 듣고 뜻밖에 헌금까지 한 일화를 기록했다. "나는 그의 설교를 듣자마자 헌금을 걷을 것을 예감했고 그에게 한 푼도 주지 않으리라 속으로 다짐했다. 호주머니에는 금화 다섯 닢, 은화 서너 닢, 동화(銅貨) 얼마가 있었다. 그의 설교를 듣는데 마음이 누그러져서 동화를 다 내기로 했다. 설교를 더 듣는데 동화만 내기로 한 것이 부끄러워 은화까지 내기로 했다. 그의 설교는 훌륭했다. 결국 나는 갖고 있던 돈을 헌금접시에 전부 내고 말았다"(같은 책, 177). 그리고 놀랍게도 프랭클린은 휘트필드와 협력 관계를 유지했다. Walter Isaacson, *Benjamin Franklin: An American Life* (New York: Simon and Schuster, 2003), 110-13. 《인생의 발견》(21세기북스).

3. 이후 2년이 채 지나기 전에 같은 노회의 또 다른 리더격 장로님에게 똑같은 말을 들었다. 그 역시 오랫동안 설교 위원으로 일했는데 설교를 잘하는 목사님을 찾는 것은 불가능하다는 것을 아예 기정사실로 여기고 다른 재능이 있는 후보를 찾았다고 했다.

4. Robert Lewis Dabney, *Sacred Rhetoric: or a Course of Lectures on Preaching* (Richmond: Presbyterian Committee of Publication, 1870; repr., Edinburgh: Banner of Truth, 1979).

5. 세 번째 요소 '복음주의 어조'는 조금 주관적이고 문체의 문제처럼 보일 수 있다. 하지만 설교 내용을 다룰 4장에서 말하겠지만 대브니가 말하는 복음주의 어조는 모든 설교의 중심은 반드시 구원론적이고 기독론적이어야 한다는 것이다.

6. Dabney, *Sacred Rhetoric*, 109.

7. 같은 책, 116-17.

8. 같은 책, 117-19.

9. 같은 책, 122-24.

10. 내가 아는 무능한 설교자 여럿이 이머징 교회에 편승했는데, 열정적인 예배 인도자의 노래를 듣고 파워포인트 설교를 들으려고 모이는 사람들 덕분에 새로운 전성기를 구가하고 있다. 그들의 교회는 더 이상 침체돼 있지 않지만 카니발 축제도 침체돼 있지 않기는 마찬가지다. 카니발 축제도 열정, 활기, 생동감 있는 오락으로 풍성하다. 하지만 이머징 교회의 이런 활동이 카니발 축제의 돼지 경주보다 더 영적인 효과가 있는지는 의문이다.

11. Daniel J. Boorstin, *The Image: A Guide to Pseudo-Events in America* (New York: Atheneum, 1975), 13. 《이미지와 환상》(사계절).

12. *Reading at Risk: A Survey of Literary Reading in America*, Research Division Report No. 46 (Washington, DC: National Endowment for the Arts, 2004), 21.

13. 같은 책, vii.

14. 참조. Allan Bloom's stimulating "The Study of Texts," in *Giants and*

Dwarves: Essays 1960–1990 (New York: Touchstone, 1990), 295–314.
15. 나를 비롯한 대학 교수들은 학생들의 작문 실력에 우려를 감추지 않는다. 문법 수준이 낮아서도 철자법을 몰라서도 구성이 엉망이어서도 아니다. 학생들이 문어체를 멸시하기 때문이다. 학생들은 보고서를 쓰는 내내 'internet'과 'Internet'을 번갈아 쓰는데 그런 학생들은 철자 확인을 하기는커녕 맞든 틀리든 무엇이든 한 가지를 정해서 쓸 노력도 하지 않는다. 이메일, 문자, 메신저가 신중한 글쓰기를 하찮게 여기도록 학생들을 훈련시켰기 때문이다.

2장 책맹 설교자들

1. 내 기억이 맞다면 고든콘웰 신학교의 전 동료 개리 베커(Gary J. Bekker, 칼빈신학교 학장)가 이렇게 설명했다.
2. 전 동료 해던 로빈슨Haddon Robinson은 고든콘웰 학생들에게 문장은 '주어'와 '술어'로 구성된다고 가르쳤다. 요한복음 3장과 로마서 5장에서 '주어'는 하나님의 사랑이지만 '술어'는 각각 다르다.
3. Phillip Keller, *A Shepherd Looks at Psalm 23* (Grand Rapids: Zondervan, 1997). 《양과 목자》(생명의말씀사).
4. 1980년대 중반에 내가 겪은 일은 우리 문화가 급변하고 있다는 사실을 증명한다. 우리 부부는 어느 저녁 식사에 초대받았는데, 버지니아 주 리치몬드의 한 유명한 성공회 교회에서 최근까지 오르간을 연주한 할아버지를 만났다. 내가 유니온신학교에서 여름학기에 그리스어를 가르친다고 하자 그는 "나도 호바트에서 그리스어를 전공했어"라고 외쳤다. 그에게 그리스어를 전공하게 된 사연을 물었다. "1928년 호바트에서 졸업할 당시 선택할 수 있는 전공은 둘밖

에 없었어. 라틴어와 그리스어. 나는 늘 라틴어를 싫어했지." 나는 1930년까지도 고전어를 유일한 전공으로 정한 학교가 있었다는 데 놀랐다. 지금은 고전어를 강의라도 하는 학교가 있을지 모르겠다.

5. 활자 시대는 '설명의 시대'라는 닐 포스트먼의 말은 옳다. 활자는 설명의 감성을 계발하기 때문이다. 지금은 전자적 혼란의 시대다. 우리는 산만한 멀티태스킹의 감성을 계발하고 있다.

6. Richard L. Pratt Jr., "Pictures, Windows, and Mirrors in Old Testament Exegesis," *Westminster Theological Journal 45* (1983): 156–67. 텍스트 읽기를 거울에 비유한 것은 그에게 배운 것이다.

7. 참조. 안타까울 정도로 널리 읽히지 않는 《문학비평에서의 실험》(Cambridge: Cambridge University Press, 1961)의 앞부분 여러 장에서 루이스는 유쾌한 필치로 이 문제를 다룬다. 문학을 '수용'하는 사람과 '사용'하는 사람의 차이에 관한 설명이다. "그들은 책을 처음 읽는데도 사랑, 종교, 상실의 격정에 휩싸이곤 한다. 그들은 의식이 변한다. 그들은 전혀 새로운 사람으로 거듭난다. 하지만 이런 흔적을 전혀 찾아볼 수 없는 독자가 있다. 그들은 책을 읽어도 별다른 변화가 보이지 않는다"(같은 책, 3). 《문학비평에서의 실험》(동문선).

8. Sven Birkerts, *The Electric Life: Essays on Modern Poetry* (New York: William Morrow and Company, 1989), 92.

9. William Hazlitt, *Critical Essays of the Nineteenth Century* (New York: Charles Scribner's Sons, 1921), 224.

10. David Denby, *Great Books* (New York: Touchstone, 1996). 《위대한 책들과의 만남》(씨앗을뿌리는사람).

11. 같은 책, 71–72.

12. 같은 책, 463.

13. 같은 책, 459.
14. Todd Gitlin, *Media Unlimited: How the Torrent of Images and Sounds Overwhelms Our Lives* (New York: Henry Holt, 2002), 9. 《무한 미디어》(휴먼앤북스). 다음 책도 참조하라. Jacques Ellul, *The Technological Society*, trans. John Wilkinson (New York: Knopf, 1964). 《기술의 역사》(한울). Jacques Ellul, *The Humiliation of the Word*, trans. Joyce Main Hanks (Grand Rapids: Eerdmans, 1985); Marshall McLuhan, *Understanding Media: The Extensions of Man* (New York: McGraw-Hill, 1964). 《미디어의 이해》(커뮤니케이션북스). Neil Postman, *Amusing Ourselves to Death: Public Discourse in the Age of Television* (New York: Viking, 1985). 《죽도록 즐기기》(굿인포메이션). Neil Postman, *Technopoly: The Surrender of Culture to Technology* (New York: Vintage Books, 1993). 《테크노폴리》(궁리). Sven Birkerts, *The Gutenberg Elegies: The Fate of Reading in an Electronic Age* (New York: Ballantine Books, 1995).
15. Gitlin, *Media Unlimited*, 96.
16. 기독교계에 역병처럼 번지는 이른바 동시대적 예배에 관해 여기서 깊이 다룰 수는 없지만 이것이 얼마나 진부한 것인지는 말해야겠다. 흔히 말하는 팝 음악은 중요한 내용을 담을 수 없다(포크 음악, 클래식 음악, 때로 블루스와 재즈는 그렇지 않다). 이 관용어 자체가 뜻하는 것은 변덕스럽고 경박하고 피상적이다. 그러므로 진지한 가사는 팝 음악에 맞지 않는다(그런 노력도 마찬가지다). 통탄할 일이지만 시시한 문화에 물든 교회는 시시하게 예배하는 시시한 교회로 변한다. 나는 이 책의 후속작으로 《우리는 왜 찬송가를 못 부를까?*Why Johnny Can't Sing Hymns*》를 써볼까 진지하게 고민 중이다.

3장 다시 글쓰기를 고민하자

1. Walter Ong, *Orality and Literacy: The Technologizing of the Word* (New York: Routledge, 1982). 《구술문화와 문자문화》(문예출판사). Eric A. Havelock, *The Muse Learns to Write: Reflections on Orality and Literacy from Antiquity to the Present* (New Haven, CT: Yale University Press, 1986).
2. 우리는 활자 시대를 성경 시대에 투영하기 때문에 때로는 신약 성경에 기록된 특별한 사건을 모르고 지나친다. 사도행전 8장에 등장하는 에티오피아인이 이사야서를 갖고 있다는 것은 엄청난 사실인데도 우리는 직장인이 버스에서 성경을 읽는 정도로 여긴다. 사실 고대 사회에서 필사본은 몹시 드물고 매우 비쌌다. 이 에티오피아인은 간다게 여왕의 국고를 맡은 관리였기에 이사야서를 지닐 수 있었다(행 8:27). 오늘날로 치면 값진 유산에 접근할 수 있는 국립박물관장 정도가 될 것이다.

4장 그리스도 중심의 설교를 하라

1. 플라벨의 '생수의 샘'은 그리스도의 위격에 관한 설교 6편, 그리스도의 사역에 관한 설교 37편, 총 43편의 설교로 돼 있다. 이 설교에 비하면 오늘날의 설교는 처마 끝에서 떨어지는 물방울에 불과하다.
2. 역사적으로 프로테스탄트와 로마가톨릭의 차이는 절대적이다. 가톨릭은 성찬식에서 그리스도가 성부에게 임하신다고 여기고 프로테스탄트는 그리스도가 하나님이 택하신 사람들에게 임하신다고 여긴다. 그러므로 개신교인은 성찬식에서 그리스도가 진짜로 '임하신다'는 것을 믿는다. 하지만 우리는 그리스도

가 십자가에서 죽으심으로 단번에 하나님의 진노를 영원히 막으셨으므로 그리스도가 또다시 희생제물이 된다기보다 '우리'에게 임하신다고 믿는다.

3. Robert Lewis Dabney, *Sacred Rhetoric: or a Course of Lectures on Preaching* (Edinburgh: Banner of Truth, 1979), 114.

4. Edmund P. Clowney, *Preaching Christ in All of Scripture* (Wheaton, IL: Crossway, 2003); Bryan Chapell, *Christ-Centered Preaching: Redeeming the Expository Sermon* (Grand Rapids: Baker, 1994). 《그리스도 중심의 설교》(은성). 이 책은 오늘날 설교학에 관한 수작으로 서문의 첫 문장부터 매우 중요하다. "이 책 전체를 두 단어로 설명하자면 '권위'와 '구원'이다"(p. 11). 채펠은 강해를 가르칠 때는 하나님의 권위를 생각했고 그리스도 중심성을 가르칠 때는 설교가 구원론적이어야 함을 강조했다. 데니스 존슨Dennis Johnson도 최근 출간된 *Him We Proclaim: Preaching Christ from All of Scripture* (Phillipsburg, NJ: P&R Publishing, 2007)에서 이런 관점을 잘 나타냈다.

5. Chapell, *Christ-Centered Preaching*, 특히 40-44.

6. 참조. Ronald S. Wallace, *Calvin's Doctrine of the Word and Sacrament* (Grand Rapids: Eerdmans, 1957). 이 부분에 관한 칼뱅의 사상을 뛰어나게 설명한 책.

7. John Calvin, *Institutes of the Christian Religion*, ed. John T. McNeill, trans. Ford Lewis Battles (Philadelphia: Westminster, 1960). 4.14.4.

8. Wallace, *Calvin's Doctrine*, 137. 칼뱅이 뜻하는 '말씀'은 성례에 관한 '교회의 말씀'이 아니라 '설교'의 말씀임에 주목하라. 그러므로 칼뱅과 그의 20세기 제자 로널드 월리스는 설교가 보통 '눈에 보이는 성례의 의미를 알게 해준다'는 것을 알았다.

9. 같은 책, 43. 참조. Wallace's entire section: "The Form of Christ as

Foreshadowed in the Old Testament" (pp. 42-59).

10. Thomas Cary Johnson, *The Life and Letters of Robert Lewis Dabney* (Edinburgh: Banner of Truth, 1977), 480.

11. 이 외에 구식이라는 이유로 강해설교를 퇴물 취급하는 동시대적/이머징 설교가 있다. 이 설교를 지지하는 여러 사람에게 설교는 분명히 '퇴물'이다. 하지만 인류가 원죄에 붙잡혀 있는 한, 양심의 죄책감을 느끼지 못하는 한, 죄인을 구원하시려고 그리스도가 대신 죄를 감당하셨다는 설교는 결코 퇴물이 될 수 없다.

12. J. Gresham Machen, *Christianity and Liberalism* (Grand Rapids: Eerdmans, 1923). 자유주의의 관점을 반박하는 고전이다.

13. 기술에 관한 통찰은 고든콘웰의 전 동료 데이비드 웰스에게 힘입었다. 웰스가 자크 엘룰의 영향을 받았는지는 확실치 않다. 하지만 엘룰을 읽어 보니 웰스와 엘룰의 관심사는 맞닿아 있었다. 대부분의 문화 이론가는 모든 문제를 기술이나 기교로 풀 수 있다고 믿는 경향을 모더니티의 부산물로 여긴다.

14. 내가 '문화 전쟁' 앞에 '이른바'를 덧붙인 것은 종교적 요소와 세속적 요소 간의 이 문화 '전쟁'이 상상에서만 존재하기 때문이다. 세속 세계관과 기독교 세계관을 지닌 사람들이 있다는 사실은 인정한다. 여기에는 새로울 것이 없다. 사실 건국의 아버지들이 세운 아름다운 것은, 시민들이 그들의 업적을 제대로 평가한다면 이 나라에서는 문화 전쟁이 있을 수 없기 때문이다. 건국의 아버지들은 연방 정부가 강압적으로 좋은 일을 하는 것보다 개인의 자유를 더 중요하게 여겼기 때문에 종교를 가지든 버리든 종교의 자유가 보장되는 공화국을 세웠다. 건국의 아버지들은 대개 세속주의자였고(예를 들면 토머스 제퍼슨) 정통 신앙을 고수하는 사람들도 있었다(예를 들면 존 위더스푼). 제퍼슨은 위더스푼이 연방 정부의 권력을 이용해 자기를 억압할까 두려워하면서 밤을 지새

울 필요가 없었고, 위더스푼 역시 마찬가지였다. 두 사람 모두 자유를 믿었고 상대도 자유를 믿고 있음을 확신했다. 세계관이 크게 달랐지만 두 사람 사이에 '문화 전쟁' 따위는 없었다. 미국은 오늘날 극단적 세속주의와 극단적 종교주의를 표방하는 프랑스와 이란 같은 나라가 되지 않도록 설계되었다. 프랑스는 국가적으로 세속주의가 우위에 있고 이란은 국가적으로 종교가 우위에 있다. 미국은 두 가지를 허용하되 집행하지는 않는다. 그러므로 오늘날 미국에서 이른바 문화 전쟁이 일어나는 까닭은 자유를 믿지 못하고 상대를 강압하기 때문이다.

15. 이런 개념이 생소하다면 내 말을 그대로 믿지 말고 내가 이 개념을 가져온 월리스의 책 *Calvin's Doctrine of the Word and Sacrament*을 읽어 보라.
16. Robert Lewis Dabney, *Sacred Rhetoric: or a Course of Lectures on Preaching* (Edinburgh: Banner of Truth, 1979), 114.

5장 설교자의 세 가지 감성

1. TV를 시청하면 이런 분별력을 잃는다. 가치 있는 것이 무가치한 것보다 중요하다고 여기면서도 저녁에 두세 시간을 TV 시청에 낭비할 수는 없는 노릇이다. 가치 있는 것과 무가치한 것의 차이가 뭔지 머리로만 '유희'하는 것을 멈추지 않으면 의식은 평생 TV에 의해 망가질 것이다.
2. Princeton, NJ: Princeton University Press, 1942. 14쪽에는 주옥같은 말이 있다. "문학은 묘한 생산력이 있다. 활기와 품위는 또다시 활기와 품위를 낳는다…… 존슨이나 단테, 혹은 누구든 그 같은 사람의 활기, 재치, 심상, 세상의 비극에 대한 깊은 자각, 그것을 아름다움이나 진리, 행위로 설명하려는 고뇌

를 날마다 만나면 번득이고 펄떡이는 묘사와 서사에서 필연적으로 그들의 감성, 감정, 지성, 영성을 감지하게 된다. 그렇지 않을 수 없다. 위대한 시인의 영향력 아래 당신의 말투는 깊고 묘한 방식으로 더 강해지고 순결해지며 당신의 고유한 말투로 변한다." 오스구드의 책은 훌륭하고 뛰어나며, 스티븐 코비의 《성공하는 사람들의 7가지 습관》은 읽지만 오스구드나 그가 언급한 시인들은 읽지 않는 현대 성직자들에 관해 말하는 것이 많다.

3. 내 조언은 특이한 것이 아니다. 내가 목사의 부르심을 붙들고 고민하던 고등학교 시절, 우리 교회 로버트 코크런Robert F. Cochran 목사님은 나에게 개이블린 이 보이스에게 말했던 것처럼 인문학, 특히 영문학을 전공하라고 적극 권했다.

4. *The Best Poems of the English Language: From Chaucer Through Robert Frost*, ed. Harold Bloom (New York: HarperCollins, 2004). 이 책은 비교적 최근에 출간된 것으로, 중요한 영시들이 수록되어 있을 뿐 아니라 뛰어난 문학 비평가의 소개, 논평, 에세이도 담고 있다.

5. 나는 이 책의 후속작으로 여기에 관해 좀더 깊은 내용을 다루게 될 《내 양을 먹이라Feed My Sheep》라는 책을 쓸까 한다.

6. Helen Vendler, *The Art of Shakespeare's Sonnets* (Cambridge: The Belknap Press of Harvard University Press, 1997). 셰익스피어의 경우 이 책이 큰 도움이 될 것이다. 벤들러 교수는 셰익스피어의 소네트 154수를 모두 암기하는 어머니 밑에서 자랐다. 그녀가 셰익스피어 학자가 된 데는 어머니가 암송하는 시를 듣고 자란 경험이 큰 몫을 차지했을 것이다.

| **옮긴이의 말**

　데이비드 고든의 곧은 음성을 한 문장 한 문장 앉히는데 문득 그 설교가 떠올랐다. 2008년 4월. 라후족 사역자 수련회. 나는 아내와 함께 태국 치앙마이에 방문했다가 우연히 수련회에 참석했다. 태국 사회에서 산족으로 살아가기가 여간 어려운 일이 아닌데도 그들은 모든 것을 포기하고 오직 복음을 전하는 일에 헌신하고 전념하는 귀한 사람들이었다.

　강사는 서울에서 온 목사님이었다. 설교의 하이라이트는 마지막 날 밤. "여러분도 부자가 되십시오." 미국의 사업가 록펠러는 꼬박꼬박 십일조를 해서 복을 받아 부자가 되었다. 여러분도 부자가 될 수 있다. 나는 이게 뭔가 싶었다. 우리가 예수 그리스도를 통해 하나님 아버지의 양자가 됐으니 부자 관계를 소중히 하자는 말이길. 선교사님이 그렇게라도 통역하길 빌 수밖에 없었다.

우리는 국립공원 터에서 천막을 쳐놓고 집회를 하고 있었는데 불현듯 사방에서 날벌레들이 강단으로 몰려들었다. 설교를 계속할 수 없을 지경에 이르자 목사님은 설교를 마무리했고, 목사님이 강단에서 내려오자 날벌레들은 거짓말처럼 숲으로 사라졌다. 내 눈에는 그 장면이 상징으로 보였다. 우리가 외쳐야 할 것을 외치지 않으면 돌들이 외칠 것이다. 우리가 외치지 말아야 할 것을 외치면 날벌레들이 들고일어날 것이다. 나는 그 후로 날벌레들을 함부로 죽이지 않기로 했다.

저자는 죽을병에 걸린 덕분에, 누구나 느끼지만 아무나 할 수 없는 말을 결국 외치고 말았다. "우리 목사님은 왜 설교를 못할까?" 그것은 우리가 전자 미디어에 함몰돼 있기 때문이다. 모래바람이 찬란했던 역사를 덮어 버리듯이 전자 미디어는 하나님이 창조하신 사람의 감성을 형체를 알 수 없는 유물로 만들어 버렸다. 하지만 우리가 이런 일에 관심이나 둘까? 고든은 기술의 존재 자체가 사람을 바꿔 버린다고 말한다. 하긴 전화번호를 여남은 개 외우고 다니던 나도 2000년부터 휴대전화를 쓰고부터는 아내 전화번호도 곧장 외우지 못하는 바보가 되었다. 이것은 그리스도인에게 상당히 중요한 물음을 던진다. 나는 하나님의 존재 자체에 변화받고 있을까?

고작 기계 따위에는 영향을 받으면서 하나님에게는 영향을 받지 않다니. 부끄럽고 창피하다.

이 책은 분명히 목사님들을 위한 책이다. 알게 모르게 전자 미디어의 악영향을 받아 기형이 돼버린 감성을 회복하고 그리스도 중심의 설교를 되찾아 예수님이 당부하신 것 즉 교회를 살찌우는 사명을 온전히 감당할 수 있는 길을 매우 정확하고 구체적으로 제시한다(궁금하시면 이 책을 꼭 보시길). 하지만 성도들도 이 책을 읽어야 한다. 그리고 예배 시간에 성경 옆에 한 권씩 두시길. 몇 년 안에 우리는 영혼을 살찌우는 명설교를 듣게 될 테니.

옮긴이 **최요한**

운전면허가 없어서 차도로는 못 다니는 천생 뚜벅이 '인도'주의자. 길을 걷고 생각을 긷고 말을 걸고 글을 옮기며 지낸다. 태국 어섬선 대학교를 졸업하고 연세대학교 대학원에서 영어학을 전공했다. 옮긴 책으로는 《하나님의 밀수꾼》, 《하나님의 부르심》, 《신의 열애》, 《영성의 시작》, 《되찾은 영성》, 《벽장에 갇힌 하나님》(이상 죠이선교회), 《인디오의 친구 브루츠코》(복있는사람), 《질문 리더십》(흐름출판), 《땅밟기 기도》(예수전도단), 《신의 미래》(도마의길), 《사랑의 시작》(NCD), 《믿음의 여정》(터치북스), 《순수 영성》(두란노) 등이 있다.

우리 목사님은 왜 설교를 못할까
Why Johnny Can't Preach

지은이 데이비드 고든
옮긴이 최요한
펴낸곳 주식회사 홍성사
펴낸이 정애주
국효숙 김의연 박혜란 손상범
송민규 오민택 임영주 차길환

2012. 8. 5. 초판 발행   2024. 8. 16. 9쇄 발행

등록번호 제1-499호 1977. 8. 1.
주소 (04084) 서울시 마포구 양화진4길 3   **전화** 02) 333-5161   **팩스** 02) 333-5165
홈페이지 hongsungsa.com   **이메일** hsbooks@hongsungsa.com
페이스북 facebook.com/hongsungsa
양화진책방 02) 333-5161

ⓒ 홍성사, 2012

- 잘못된 책은 바꿔 드립니다.   • 책값은 뒤표지에 있습니다.

ISBN 978-89-365-0937-8 (03230)